駕駛與人生

張培耕 著

駕駛經驗　人生智慧　熔於一爐

運將作家　獻給　駕駛人的　運將文學

不論駕駛汽車　還是駕駛人生

本書都是一本不可多得的好書

自序

自從民國六十七年取得駕駛執照，手握方向盤，腳踩油門煞車，南北奔波四方遊走，轉眼已有二十餘年。就駕駛技術及經驗而言，如果能夠舉一反三觸類旁通，不僅可以轉化爲人生的體驗，更可以濃縮凝聚成爲智慧。我的心得是：

> 駕駛汽車是技術；駕馭自己是學問。技術熟練精湛，爐火純青而後成為藝術。學問深入廣博，高明圓融而後成為智慧。由技進乎藝，由學入於道，人生自然通達無礙，精神上也必然可以海闊天空。

我是一個遇事喜歡想像和沈思的人，很早以前，就把駕駛和人生聯繫在一起，並把耳聞目見和內心的一得之愚，寫成一系列的散文，六十八年六月到七十二年一月，相繼發表於中央日報副刊。最長的一篇《駕駛座上》，計十八小節約有一萬八千字。當時報紙不多，中副取稿十分嚴謹，主編夏鐵肩先生曾親筆來函嘉許，這對我一生從事寫作鼓勵極大。

起先，我覺得駕駛只是我生活的一部分，當然也只是人生的一部分。等到崎嶇艱險的道路走多了，大大小小的交通事故看多了，這才恍然大悟，即使看起來十分寬敞而平坦的大馬路，其實也是危機四伏，吉凶禍福難以逆料。很多交通事故，都是變起倉促間不容髮，往往令人措手不及，防不勝防。

世路也好，馬路也罷，是路就必然會有坎坷。有坎坷就有顛簸困頓，就有艱難困苦，就有辛酸悲痛，甚至刹那之間造成生離死別的人生悲劇。後來不斷回首前塵往事，覺得人生不如意事眞的是十常八九。就算你謹言愼行安分守己，樂天知命知足常樂，身心的偶爾故障不靈，言行舉止一時的大意失察，行事應世的意外挫折，乃至誤中陷阱遭受打擊，都是很難避免的意料之中的意外。

人生就是駕駛。反過來說也一樣，駕駛就是人生。

因此，乃將二十餘年來的部分作品，一系列關於駕駛的，一系列有關人生的。其中有敘述，有對話，有記事，有感慨，有觀照社會體察人性的心得，也有放眼大局省思世變的雜感。彙整付梓，以爲我的人生之旅，留下一鱗半爪。

目錄

駕駛篇

人生篇

附錄

感謝財團法人高雄市文化基金會補助出版

駕駛與人生

上◆駕駛篇

張培耕◎著

駕駛座上

一、小序

很久以前的某個春天，爲了工作，爲了生活，居然也開起車子來了。不管開的是怎樣的車子，總之，我也成了駕駛座上的一名司機。

駕駛生活，並不是年輕人想像中那樣的輕鬆快意。事實上，一個人駕駛車子走在街道和公路上，正如一個人邁步於人生的旅途上，現實理想之間，總有一段距離。既然人生難有理想的工作和完全美滿的生活，駕駛汽車也就不可能天天順利而又稱心如意。

人吃五穀，不免傷風咳嗽；車子吃油，有時也會感冒氣喘。此外，天會下雨，路會損壞，山會崩塌，更有大車倚大欺小，小車恃小吃大。你要生氣，你就準備爆炸。有時路上發生車禍，交通阻塞中斷，你能置身事外已算萬幸，還能抱怨甚麼。

如何注意？如何忍耐？如何沈著應變逆來順受？其中酸甜苦辣，大可爲外人一道。

司機這個名字，比駕駛或師傅都更好。開車如能「知機」、「得機」、掌握「契機」又能眞正「司機」，那就如同庖丁解牛：「以無厚入於有間，恢恢乎遊刃而有餘地。」這就是由「技」進乎「藝」，由「藝」入於「道」。車子固然可以開得得心應手，在工作和生活的境界上，亦將有所心領神會而更上層樓。

本來，世間萬象，人生百態，無不以事顯理，以理成事。起必有因，滅必有果；禍福吉凶，互爲倚伏。見其究竟，則又理事圓融，因果一如。如能洞燭機先，乘其時，得其機，避其鋒，化其勢，趨吉避凶不僅可能，往往輕而易舉。筆者心拙筆鈍，言有不當，理有不順，尚請先進大家不吝賜教。

二、愛車如愛人

人在工作過分勞累之餘，常常大聲抱怨：「我又不是機器。」其實，除了思想、性靈、和主動能力以外，許多地方，人是太像一架機器了。

尤其是人與汽車的結構、組織和功能，處處都極爲相似。例如人有呼吸、循環、消化、神經系統；車有電力、動力、傳動、掣動、照明、音響系統。人要吃飯喝水，車也喝水吃油。人有病痛，車有故障。最妙的是，即使同一廠牌、類型和年份的車子，正如同一父母所生的子女，也會各有不同的獨特個性。

一個高明的領導者，除了要求工作、效能和紀律，必然也經常而且誠懇的關注屬下的生活、健康、福利、心理需求乃至精神狀況，然後知人善任，恩威並濟，他的領導統御才能深得人心，高度成功。一個優良的駕駛者，必須充分摸透車子的個性，經常了解車子的狀況，並且適時給予必要的保養和照顧，愛車如愛人，上路以後，它才會心甘情願的讓你快意奔馳。

人不是機器，人也需要定期檢查保養。機器不是人，機器也需要人的關心和愛護。機器不發牢騷，不撒嬌也不抗爭，但它會以各種方式透露它的不適和病痛。你如粗心大意愛理不理，等到在一個前無村莊後無客店的地方嚴重發作起來，那種進退不得的情況，就有你瞧的夠你受的了。

超人的騎士必愛其馬，高明的駕駛必愛其車，傑出的將帥必愛其兵，偉大的聖主必愛其民。彼此相愛，才能精誠一致聲氣相通，車馬所向無阻，大軍所向無敵，治天下也就如運掌上。如你不信這個道理，早晚你會得到應得的懲罰。事到臨頭，

後悔固然莫及，後悔亦於事無補。

三、上車以前

古人說：「凡事豫則立，不豫則廢。」做任何事情，有好的準備就有好的開始，好的開始就是成功的一半。這一個準則，對於長途尤其是艱險道路的駕駛者而言，極爲重要。如果開車也像年輕人爬山一樣，以說走就走爲勇敢豪邁，實在是一種非常危險的作風。計劃不週，準備不足，才是山難的眞正原因，與山高路險並無必然的因果關係。

談駕駛座上的經驗和心得，應從開車以前說起；不對，應從上車以前說起。上車以前，首先要看看輪胎是否正常。車子再好，挺著車身運轉奔馳的，還是那壓著地面的四個輪胎。再則必須看看車子的前後左右上下，以免起動時發生阻礙碰撞，可以順利起步上路。

如果是長途行車，第一步要打開引擎蓋，看看機油、水箱、剎車油以及蒸餾水，必要時還要檢查一下發電皮帶。一切OK，這才可以上車發動引擎，運轉片刻以後，你就可以安心掛檔上路了。

長途以及高速行駛以前，再細看一下油量和溫度表，同時試試煞車的性能都很重要而且必要。如果只能加速而不能有效掣動，你的車子就成了一匹脫韁野馬，一有情況，後果就十分的嚴重。

開車、求學、創業、交友乃至結婚成家，一切都要慎之於始。凡事均有縝密的計劃和充分的準備，事功再難，世路再險，也都可以化難爲易履險如夷。

總之，千萬不可「上車再說」和「開了就跑」。如此魯莽冒險的危險行爲，處事謹慎的人是絕對不會這麼做的。

四、北宜公路

某年秋天，我從高雄跑到宜蘭闖蕩江湖。關心我的朋友一再提出警告：「車子可以繼續照開，但北宜公路可千萬少走。」

駕駛界盡人皆知，由於沒有行車管制，北宜公路實較蘇花公路更加難走。從二城到石牌的九彎十八拐固已聞名全省，從石牌到坪林那一段陡峭曲折的山道，艱難

驚險與前者不相上下。加上大卡車吃線欺人，摩托車橫衝直撞，危機四伏，車禍頻傳，令人視爲畏途。

但是開車如果只走平坦大道，那只是一朵「暖室裡的蘭蕙」，永遠經不起狂風大雨和波濤洶湧的挑戰和考驗。風平浪靜，你還像個水手；一有驚濤駭浪，你就很難兵來將擋以變制變。在判斷、膽識和當機立斷上，就不像一個從容乎疆場之上的英勇戰士了。

亂世而後有能臣出，百戰而後有名將成。能在逆境險境中堅忍圖成，在順境中自然就舉重若輕而遊刃有餘。開車要把油門控制得收放自如，把煞車使用得恰如其分，把方向盤運轉得得心應手，北宜公路實在是一條最佳的高級教練場。

磨練技術以外，北宜公路讓你充分學習判斷情況以及如何處理情況；更以血跡斑斑的具體事實告訴你，判斷錯誤處理不當將有何種後果。在這條路上行車，可以鍛鍊膽識增益技術，更可啓發哲思破除迷信。從此以後，你將不信鬼神，而且無畏艱難險阻。

危險嗎？當然有，而且經常擦身而過。其實危不危險，一小半來自外在環境，一大半來自自己本身。只要守應守之道，做該做之事，並把安危眞正置之度外，自能履險如夷，化險爲夷。套一句易經卦辭：「安貞吉。」

五、加油

發動引擎掛上排檔以後，加油，是學習駕駛或實際行車的第一步。腳踩油門，把汽油送進氣缸燃燒，以產生必須的動力來推動車輛，這是駕駛術中最基本最簡單的一個動作。不加油，車子是不會走的。

初學駕駛之初，每次起動時，油門與離合器的配合運用，總難做得恰到好處。不是加油太多聲音太大，就是加油太少熄火停擺，常常覺得自己太笨。現在車子開久了，細心體會，誰要認爲加油簡單，眞正簡單的是他的頭腦。

如何審察地形、路況和四週現狀，運用眼耳身心敏銳的觀察和感覺，把握時間機會，以極有分寸的程度，尤其是在超車、讓車、爬坡以及俯衝的時候，以最精緻的油門控制，製造最理想的行車速度，儘量避免過度使用煞車，這其中既有經驗，也大有學問。

加油的最高藝術，在讓車內的乘客沒有突然加油加速的感覺，而實際上你在加

油加速，從容自在舉重若輕，無稜無角天衣無縫。更難的是山路行車，在越過一個陡坡的頂點以後，如何及時放鬆腳下油門，如何適度輕踩煞車，使俯衝下坡的車子依然保持平穩而不至超速失控。這種自我抑制的功夫養成習慣，逆境能安然奮發向上，順境則泰然而不放縱，一生就受用不盡了。

有人深夜在基隆碼頭開車，煞車時竟然把腳踩上油門，結果連人帶車衝進大海。油門不宜踩得太快太滿，適時適度，就可以少用甚至不用煞車。知止而後有定，知足而後常樂。凡事都能從容不迫，既是經驗豐富的表現，更是智慧具足的象徵。

六、煞車

加油加得細膩精緻，少用甚至不用煞車，固然是一種很高的境界。但人非聖賢，能有這種涵養和智慧的人畢竟不是多數。「知止而後有定」，「知止不殆」。萬一跑得太快，能夠及時煞車，懸崖勒馬，以免一失足成千古恨，也就十分的難能而又可貴了。

駕駛技術比較高明的人，都有一個習慣，一有情況或者只是發現某種徵兆，馬上會把右腳離開油門放上煞車踏板。根據駕駛先進的經驗之談，使用煞車的時機越早越好，用力的程度則愈輕愈妙。正如加油一樣，能夠不讓乘客明顯感覺你在煞車才是高手。至於緊急煞車，不能不會也難免不用，但以少用爲上。

我走北宜公路，遇到九彎十八拐那樣的雙黃線大彎道，不踩煞車是不可能的事。踩的時機踩的程度固然大有文章，放的時機放的程度同樣值得細心推敲。踩放之間如能得其機宜，輕重緩急又能恰到好處，既可以避免煞車碟板的過度磨損，更可省時省油，其中的奧妙精微，唯有深入其中才能充分領略，語言文字很難說得清楚。

偶爾太太與我同行，見我常常「踩而不踩」，又把右腳離開煞車放回油門。她說：「你這不是多此一舉嗎?」她那裡知道，正因爲多此一舉，隨時可以先發制人，比別人擁有更爲寬廣的「安全邊際」。多此一舉，正是一舉不多。

煞車不可多踩，不可急煞，但是不能不踩，不能不會踩，尤其不能不靈。車子要能進能止，速度要能快能慢；熱情要能放能收，理智要能緊能鬆。總之，一切迴旋動定，喜怒抑揚，必須在自我有效的控制之中。果如斯，則走遍天下，自可履險

如夷，處處都是康莊大道。

七、方向盤

在船爲舵，在馬爲韁，在人爲志，在汽車就是方向盤。「握緊你的方向盤」，這句話的意思，要你穩穩謹守行車規範，不要出線越軌；同時它也有著更高的哲學境界，要你堅持正確的人生方向，追求崇高的人生理想。

不管走的是速度極快的高速公路，還是迴旋起落的山間險道，只要方向盤打得穩健靈活，守應守的規矩，走應走的車道，加上油門和煞車的適當配合，速度再快，道路再險，車輛再多，只要保留足夠的安全邊際，大致即可有驚無險，安全到位。

前進靠加油，停車靠煞車，經由計劃路線駛向預定的目的地，則靠方向盤的正確操控。操控高速行駛中的方向盤，正如遠距離射擊瞄準，剎那之間，「失之毫釐，差之千里」。後果不僅害己，可能還會傷人，連帶也給國家社會帶來重大的損失。

所以最初開車，方向盤總是握得很緊，希望緊中求穩，穩中求正，正中求安。後來經驗越多，膽子越大，又從穩中求活，活中求圓，方向盤越打越鬆，常因漫不經心而險象環生。最後的體驗更上層樓，又將以前的經驗加以綜合修正，深知太緊則僵，太鬆則浮，太穩則滯，太活則險，最好不鬆不緊，不險不滯。到這個境界，是謂出神入化，就能所向無阻，所至無礙；已近乎「從心所欲而不逾矩」了。

前進後退，左轉右彎，乃至變換車道，只要方向盤打得穩健靈活，自能肆應裕如。同樣的道理，爲人處事，既不可過分拘泥，亦不可任意方便。適度堅持，適度權變，人生的迴旋空間就會十分寬廣。

窮通禍福，乃至你的命運，一切都在你自己的掌握之中。

八、精神修養

把駕駛汽車看成一項純粹技術，並且永遠停留在這個層次，實在是一種錯誤，也小看了自己。務實而論，要把車子開得平安順暢，得心而又應手，高度的精神修養，遠比嫻熟的技術更爲重要。下列四端，爲其基本：

一是敬業。只有眞正喜歡自己的工作，才能把自己的工作做得盡善盡美。敬業並且樂業，是成爲一個優良駕駛員的基本精神。你尊敬自己和自己的職業，別人才會尊敬你和你的工作。這是快樂之道，亦是成功之路。

二是謹慎。以駕駛而論，謹慎並不保證絕對無事；但若粗心大意，遲早必然闖禍。大致而言，能夠謹慎於先，就不至於懊悔於後。時時謀定而後動，事事謀定後行，愼思明辨，沈著穩健，絕不行險僥倖，這就是謹慎。

三是沉著果斷。許多工作都要沉著果斷，才能大展長才。駕駛汽車常在高速行駛之中，處理情況又在間不容髮之際，特別須要沉著穩定，才能不慌不忙穩紮穩打。尤其要能當機立斷，以免失去緊急應變的最佳時機。

四是忍耐謙讓。開車不可逞強鬥氣，傷人害己後果嚴重。反之，謙恭忍讓皆大歡喜。忍片刻，風平浪靜；退半步，海闊天空。無論開車或是爲人，這兩句話都是金玉良言。如能奉行不渝，一生的旅程必然平安愉快。

技術加上精神修養，才能化技爲藝，進藝入道。然後得時、乘機、用勢，崎嶇難行也能化爲康莊大道，自然無往而不利。

九、如何確保安全

經常往返台北宜蘭，常常看到令人怵目驚心的車禍景象。看起來，北宜公路的確不好走。難怪有人沿途撒紙，祈求鬼神保佑。但是一位李先生卻說：「沒有甚麼啦！我開了三十年車，從來沒有出過事。」

「你也在路上撒過紙錢囉？」

「從來不做那種笨事。」他說：「最重要，膽大心細。再說，我瞭解這條路，甚於瞭解太太的脾氣和她的廚房。」

根據李先生的分析，走北宜公路，技術太好不行，太差更不行。膽子太大不行，太小也不行。技術太好則藝高人膽大，很容易「大意失荊州」。過分小心也會形成心理壓力，往往影響觀察判斷的週延正確和及時反應的冷靜靈活。由此可見，人爲因素實爲車禍之主因，與地形、路況，尤其是鬼神，並無絕對的關連。做任何事，只要膽大心細，沉著而又謹慎，即使常在江邊走，一樣可以不溼腳。把自身的安危禍福託之鬼神，實乃愚不可及的愚人愚行。荒謬的是，台灣很流行這一套。

孟子說：「天時不如地利，地利不如人和。」比瞭解天候和地形更重要的，乃是正確的把握自己和自己的心。然後才能既不過分膽怯，亦不過分冒險，審時度勢，圓熟穩健，走自己應走的車道，做自己該做和能做的事。

天經地義，險路高速行車，既要小心，更要專心，才能心隨車轉，車隨心運。但也不必過分掛懷利鈍得失安危。心無掛礙，以平常心做不平常的事，反而更加自由自在，海闊天空。

十、防衛駕駛

一上公路，你和你的車子立即進入一個迴異平常的特殊環境。在此迤邐蜿蜒的狹長天地中，最大的特色就是動，由自動、他動和互動形成一個動的世界。由於速度很高，加上其他許多複雜的因素，經常瞬息萬變，危機四伏，交互出現順境、逆境和險境三種情況。

雖說瞬息萬變，但是變的基本因素不外時、地、事物、情境、人、我，變的結果不外吉凶、安危、禍福。我，雖然僅是變數的六分之一，卻是自我可以完全掌握的唯一因素。如能充分主宰自己，即可正確判斷處境的變化，甚至預見動變的大勢所趨，及時有效操縱手中的機械，必然大大提高我在危機中的應變能力，及早控制或影響變動的結果，使其有利於我，化險爲夷。這就是防衛駕駛。

防衛駕駛的基本認知有三：第一，平坦大道車少人稀，單車牛馬可能突如其來，必須保持警覺，不可滿不在乎。第二，遇到交通事故，身陷混亂拂逆，不可心浮氣燥，必須堅忍耐煩，沉著應付。第三，危險當前，首要冷靜鎮定，面不改色，不慌不忙，判斷要準，行動要快。人生發生災難禍患，順境往往多於逆境，所謂樂極容易生悲。如若舉措得宜，皆可逢凶化吉，轉危爲安。

防衛駕駛，就是化險於將生之際，防禍於未成之先。不但我不撞人，要讓人也無法撞我。但是時機緊迫，往往間不容髮。所以必須：第一，洞燭機先，及早發現危險的潛在性。第二，當機立斷，迅速針對情況確定方針。第三，沉著應變，及時採取適當行動。

知變應變，越早越好；防危克險，越快越好。人生就是戰鬥，只要制敵機先，佔得天時地利人和，無論進退攻防，皆可立於不敗之地。

十一、安全邊際

「保持距離，以策安全。」這二句掛在公車車尾的老標語，實在就是中國人早就建立的安全邊際觀念，而且有著深刻的人生哲理。

只要在我與可能發生的危險之間，保持較大的時間空間距離，一旦遭遇情況，即可適時採取防衛駕駛措施，以化解危險或將危險減低到最小程度。

美國灰狗公司，爲了確立安全邊際遂行防衛駕駛，嚴格要求駕駛人員恪守五個行車要訣：(一)抬頭遠看，增大安全距離。(二)放寬視野，掌握兩側動態。(三)雙眼游動，熟悉四週情況。(四)衡量環境，預留安全出路。(五)適時示警，預告行車動向。這五點要求，其目的就是擴大安全邊際。

擴大安全邊際的觀念，必須化爲實際行動。下列六項如能經常注意，養成習慣，必能更加保障安全，交通事故就很難與你有關，甚至可以與你絕緣。(一)循規蹈矩，不慌不忙，絕不取巧冒險。(二)變速轉向，必須從容不迫，越是穩健越是安全。(三)經過彎道險路，必須減速行駛，以策安全。(四)任何情況，使用煞車越早越好，非不得已不作緊急煞車。(五)變換車道應採平穩漸進方式，以便他車可以從容適應禮讓。(六)轉向、超車或橫越他車，要在時間空間充裕時行之，不可莽撞行事，硬擠猛闖。

作戰，貴在知己知彼，愼謀能斷，掌握主動。下棋，貴在神機妙算，機先一著，既能瞭然全盤的大勢，又能掌握棋局的發展，如此才能眞正的穩操勝券。開車的道理，大致亦如斯。

十二、超車與被超車

每一輛車子的性能不同，每一個司機的秉賦與個性各異，即使超車爲發生車禍的原因之一，在公路上行車，不超車或不被超車，實際是不可能的。

我的車子既不新也不算好，我的智商平平，技術普普通通。但在上坡山道上跟上一輛載重過度的大型車，或在高速公路上跟定一輛迷你小型老爺車，要我循序漸進絕不超車，老實說，我沒有那麼好的風度和耐心。

正因爲車有大小快慢不同，人有智愚銳鈍之分，超車是必須的，而且順乎自然

之理，合乎人情之常。但是，超車絕對不可勉強行事，尤其不可迫不及待，露出一副搶道、爭先、擠人的霸道姿態。易言之，一定要在時間空間都很充裕的狀況下，以平穩漸進而又自然從容的方式行之。這樣的超車不僅順當安全，而且落落大方，也使對方心平氣和心甘情願。

即將停車休息，不必超。情況過於勉強，不能超。陡坡急彎地利不好，風雨濃霧天時不對，對方蓄意阻攔人和不佳，都不可超。如果條件具備形勢許可，必須當機立斷迅即行動，以免失去最佳時機。

公路是世界的一部分，而且自成一個世界。如果有人仗勢欺人勉強超你的車，你要寬宏大量讓他一步，性格魯莽行爲不當的人取巧成習，早晚會爲他不當的惡習償付代價。天網恢恢，疏而不漏。

開車要既快又穩，爲人要力爭上游，但是表現必須適度而又適當。在超車與被超車的時候，很能顯示一個人的性格、涵養和風度。

十三、指揮的藝術

不論從前你是幹甚麼的，現在作爲一個司機，你就得聽從後座那位付錢的指揮動向。由於大多數人都是「事後有先見之明」，又相信有錢的有理，有地位就有學問，所以十有七八，常常叫你進退維谷左右爲難，令人啼笑皆非。

「前面的巷子向右轉。」她話說得很清楚，但時機稍晚。她剛說完這話，巷子已經抛在我的車後。也有性子太急起得太早的：「不是這條，是下一條。」「不，不，再下一條。」

最莫名其妙而又叫人冒火的一種是：「大概就是前面這條啦，不是向左就是向右。」我在路旁停車向她抗議，想必她家不是有錢就是有勢，她竟一手叉腰一手指著我的鼻子：「不認識路你也敢在台北開車！」你要不服氣又不願侵犯女權，你只好去跳游泳池。

當然，情況不會永遠那麼糟糕。有時，你會遇到一種客人，也許外貌平實，但是語調清晰，語意明確，時機更是恰到好處，加上態度有禮從容不迫，叫人心悅誠

服，即使不拿錢心裡也透著舒服。

領導統御的基本要求，在於「既能令，亦能受命。」目的則在運用總體力量，完成徹底動員，達成作戰目標。所以指揮者的性格、學養、器度，命令是否正確，下達時機是否適宜，以及是否知人善任，都是大軍所向最後勝負成敗的關鍵因素。高段的指揮，要能審察對方反應之快慢，決定命令下達之遲早；依其理解能力之高低，斟酌任務交代之繁簡。總之，唯有知人善使，才能統籌全局指揮裕如。

如果指揮者無能而又剛愎自用，開車的技高而傲慢，偏偏兩人同在一車之內，結果一定不愉快，也一定不安全。

指揮是一門學問，一種有著哲學意境的藝術。有錢有勢，未必能通也。

十四、吃線的苦果

如果經常投機取巧，以謀私利而逞私慾，縱然一再僥倖，但是歪路走多了，遲早總會失足。古語說：「要得人不知，除非己莫爲。」太陽底下沒有秘密，尤其沒有永遠的秘密。一旦黔驢技窮眞相大白，必將遭受慘重的失敗和奇恥大辱。

我走北宜公路，每逢雙黃線的急轉彎道，由於彎度實在太大，方向盤打起來十分吃力，不免想佔一點來車車道，以緩和急轉的彎度，如此彎子就可以轉得輕鬆一些。想法是：「反正又沒有來車。」或者是：「不會那麼巧啦！」這種大膽的假設和魯莽的冒險，居然也成功了好幾次，心中難免有一種佔了便宜的愜意之感。

後來想起初行北宜公路，同行先進一再的鼓勵我：「只要走自己的車道，不會有事的啦！」同時想起儒家君子的存誠慎獨之道，守應守之道，做該做之事，有爲有守，乃一己爲人之本份，別人知否見否都無關宏旨。想到這裡，心中大爲後悔，深覺不該僥倖行險。

公路當局在馬路上劃雙黃線，正如道德規範和法律禁制一樣，一定有其合乎理性的正確判斷，以及應乎環境和事實的客觀需要。果不其然，後來我所見到的若干車禍，多半都發生在雙黃線的彎道地段，原因不是存心吃線就是違規超車。等到對面突然「意外來車」，苦果吃定，煞車來不及，後悔也就太晚了。

學太極拳之初，一位武林前輩教我：「練拳如對打，對打如練拳。」現在開車，我則加以活用：「單行如會車，會車如單行。」只要見到雙黃線，絕不輕越雷池半步。如果人家都能守此原則，我敢保證，公路上的車禍和社會上的糾紛，十之

八九皆可化爲烏有。

十五、怎樣脫離困境

人的美德，在順境爲節制，在逆境爲堅忍。一旦遭遇麻煩身陷困境，最重要的不是馬上採取行動，而是冷靜下來深謀遠慮。認識清楚再做分析，分析正確再下判斷，判斷有把握才能採取有效對策。出劍固然貴乎神速，如果不準快也無用。脫離困境，絕處逢生，沉著穩健遠比行動快速更爲重要。

有一個夜晚，我把車子開進一條死巷，正想利用另一條更小的巷道倒車，突然靈機一動，我對自己說：

「兄弟，你還是下去看看吧！」

不看也罷，一看眞的嚇了一跳。小巷進口的水溝踏板，只容摩托車和三輪小貨車通過，汽車拐彎，最少會有一個輪子掉進排水明溝。靠溝的另一邊，在車上看乾乾淨淨。下車一瞧，有花盆、水桶、躺椅和兒童玩具，壓壞任何一樣，都會引起糾紛甚至爭吵。

就我所知，人們觀察世事研判時勢，常有一廂情願的心理傾向，非常不切實際。「法爾如斯」，事物之生成變化，有其自身的因果和宇宙的必然之理。路上有沒有洞，那是一個客觀事實，絕對不會順著你的願望而有所消長變化。司機多年下來，使我得到一個教訓：只有實事求是，才能切實解決問題。

另外我也學到一個經驗：決定過於匆忙，十九都會後悔。凡事遭遇困難，開車陷入困境，形勢如果許可，最好關掉油門冷靜一下。入乎其中，找出問題的核心和關鍵；出乎其外，把眞實處境看個清楚。然後再定對策，一定可以重上坦途。如此沉著應戰堅忍圖成，每逢「山窮水盡疑無路」，總會「柳暗花明又一村」。

十六、統全與用中

開車不難，難在臨危不亂，臨難不懼，能於緊要關頭的刹那之間，有效掌握形勢，正確權衡利害，無過無不及，採取最適當的因應措施。下棋也不難，難在能夠統籌全局，知己知彼，處處技高一等，著著機先一步，高瞻遠矚，完全預見並掌握棋局變化的大勢。

行車當中，不要吃線佔道，不要勉強超車，可忍則忍，能讓則讓，以免肇事，固然很對也很好。如果爲了過度謙讓竟使自己的車輪陷入路溝，這就未能把握過猶不及的中庸之道了。我在北宜公路見到不少「輕型」車禍，就是因爲讓得太多而使自己行不得也。雖說損失不大，但是眼看禍首絕塵而去，內心的懊惱和憤慨是可想而知的。

筆者安貧樂道，並不擔心有人存心倒帳。但是每天開車上路，如何應付逼人太甚的超車大王，則是我必須勇敢面對的現實。遇到此類來勢兇惡的公路之虎，我的應敵方針基本上是忍讓。第一步，閃燈警示，請他注意。第二步，不偏不倚，不多不少，讓到最大限度。最後一步，以靜制動，煞車減速讓他過去。萬一對方過分霸道橫行非碰不可，以逸待勞也可以減少損害，現場狀況更會叫他盡負全責。結果再壞，遠比「自動」判決自己「技術出局」要好得太多了。

遇到這種嚴重情況，能夠逢凶化吉，是爲上策。能將大事化小，是爲中策。如將別人應該承擔的後果扛在自己身上，乃下下之策。所以只有統籌全局洞燭機先，兼顧人我利害，權衡得失輕重，執中以用事。讓其可讓，守其當守，爭其必爭。不要優柔寡斷因小失大，躲了虎口的吞噬卻受到狼牙的傷害，也很划不來。

不按牌理出牌的人顯然是越來越多，且以能夠違法、越軌、欺人爲樂爲榮，社會自然更加複雜混亂起來。懂得統全用中，可以進退有據，有爲有守。只能拘謹守分，有時就難以肆應裕如了。

十七、駕駛之道

一次，我戴著一位同行先進——工會的理事去台北。一路之上，我興高采烈的大談我的駕駛經。不論我談到什麼自認爲精采的地方，他都是淡淡然一句：

「沒甚麼啦。」

那種冷漠自大，令人十分掃興，我跟他賭氣。

「老前輩，你來開開吧，我想抽根煙。」

「好啦。」他說得自信卻又笑得謙虛。「我也來一支啦。」

「開車你也抽煙？」

「沒甚麼啦。」

「北宜公路可不比平常啊！」

「沒甚麼啦。」

他一面抽煙，一面開車，一面談話，漫不經心而又若無其事。可是變速換檔，轉彎抹角，乃至超車讓車，眞的舉重若輕，比我高明多多。

一個大轉彎處，對方違規超車，千鈞一髮之際，我的「小心」二字還沒有出口，他老已經乾淨俐落的閃了過去，連嘴上長長的一截煙灰都沒有掉下來，就好像我在家裡扭腰繞過桌角那麼輕鬆。

「你老開得眞好。」

「沒甚麼啦。」

突然間，我想起莊子養生主篇中庖丁答梁惠王曰：

「方今之時，臣以神遇，而不以目視，官知止而神欲行。」

這又使我體認到，如果我是我、人是人、車是車、路是路，就算駕駛技術十分精良，終究還是落在「見山是山，見水是水」的階段。即使進乎技，成乎藝，神乎其技矣，如果還有道理可推和經驗可談，也只到「見山不是山，見水不是水」的層次而已。

像他老哥，年近花甲，兩鬢斑白，目無所視而無所不視，手無所運而無所不運，心無所用而無所不用，無道可言而道在一切。口口聲聲「沒甚麼啦」，卻是「見山還是山，見水還是水」的境界，看似普通平常，實已出神入化。

原先我所追求的，是「知機、得機、契機而又司機」的最高境界。現在我才知道，返璞歸眞的「忘機」——得其機用而忘其機心，才是眞正的孤峰絕頂。唯有以無心之心順時應變，開車可以通達無阻，生活可以快樂無憂，精神自然優遊自在天馬行空。

十八、結　語

筆者此番浪蕩江湖，駕駛汽車以謀生計，起先覺得造化弄人，感喟人生無常。後來車子越開越順，道路越走越熟，竟然「路危心不危，人險我不險」。終於了悟無常即常。所以履險如夷，樂而忘憂。與十年前攀登大霸尖山時那份「山不險心險，路不滑腳滑」的心境，誠然是方向盤打到底，轉了大大的一個陡彎。

說實在的，由於世風日下，人心之險惡與人情之澆薄，有出乎常理與想像之外者。如果過分的執著理想堅持原則，反而感到天下如此之大，竟無容我之地。此番

以車爲家，四方雲遊，南北奔馳。有時停車小憩，坐看雲起日落，難免興起天涯遊子的蒼涼之感。

回首前塵，耳聞北伐，目睹抗日。來台後，參與文教青年工作，爲社會紮根固本稍盡微力。對國家曾經盡忠，對家庭仍在負責。目下服務交通事業，對社會正在盡力。反躬自省，倒也無愧我心。

我最怕的，就是遇到老朋友，以驚愕的眼光看我，用同情的口吻問我：

「我的老兄啊！你怎麼也開起車子來啦？」

其實，甚麼工作最理想、最愉快，甚麼生活最愜意、最美滿，你能下一個明確的界說和肯定的結論嗎？

我以爲並且相信，在一個自由開放的社會中，只要嚴守法律、道德和理性良知的雙黃線，正正當當公公道道的，賺你能賺和該賺的錢，同時絕不妨害國家利益和人群福祉，做甚麼都能心安理得。如果開車，能夠道技並用，術德兼備，把駕駛技術和人生哲學熔於一爐，也是美事一樁。更上一層樓，「乘物以遊心，托不得已以養中」，自然就更加的瀟灑落拓放曠逍遙了。

開車我是新手，寫作我是學徒。我也知道，「知者不言，言者有所不知也」。

佛陀弘法四十餘年，最精采的一次就是「拈花微笑」。但我坐在駕駛座上，總以爲我的一得之愚，或許可以擴大人與人的安全邊際，減少車與車的摩擦碰撞。使大家各安其位，各行其道，和而不同，並行不悖，豈不也是一種布施。緘口不說，雖然頗有禪者之風，到底有違我所尊崇的大乘精神。

因此不自量力，斗膽放言高論。貽笑大方，自在意料之中。下次上山，即使要挨「三十棒」，我也認了。

拙者愚思一得

參天古樹，生於幼小苗木；燎原大火，起於星星火種。所謂智者，就是見微知著，見微知災；防變於未生之際，防禍於未起之時。聰明人則於跌倒之後得到並且牢記教訓，下次不會重蹈覆轍。如果一再的吃虧上當，又一再的後悔莫及，這就是標準的愚不可及。

能夠謹記這樣的道理並且身體力行，駕駛汽車固然可以一路平安，駕駛人生必然也能一帆風順。

父子對話錄

時間：某一個春天的早晨

地點：臺北某地至榮民總醫院

人物：一對父子。父親大約五十多到六十之間，頭髮半白，面色紅潤，穿一件米色茄克，說話時中氣十足，看來十分健朗。只是兩鬢微白，抬頭紋與魚尾紋特別深，青壯時代的風霜血淚，到底留下了不可抹去的痕跡。兒子大約三十上下，身材健美，五官端正，雖然頭髮稍長一點，但是無損其俊美與英挺。上車時，兒子把西裝上衣拿在手上，西裝是咖啡色的，料子與做工都很好，他先讓父親上車，然後不厭其煩的繞到左邊上車，乘計程車很少人這樣做。看他的儀表、服裝、舉措，他受過良好的教育，現在有很好的工作，具有優良的家庭教養。上衣提在手上，而且額角沁汗，則又顯出他的心情緊張不安。

在臺灣教育進步經濟繁榮的社會中，這樣的父子爲數眾多，可說到處皆有。但是他們在後座的對話不同凡響，予人無比的安慰和信心；所以我一面小心駕駛，一面用心諦聽，並記錄如下：

父：兒子，不要急成這樣啦！疝氣修補，現在已經不算甚麼手術了。昨天大夫不是告訴你們，手術一定會很順利嗎？

子：說是這麼說，可是爸，您是過來人了，您知道做父親的心情和滋味。小強是我們第一個孩子，也是你第一個孫兒。尤其淑梅，她在電話裡說說竟會哭起來，心裡不急是很難的啦！

父：我當然知道，別看你弟兄三個健壯如牛，小時候毛病也是很多。尤其是你的百日咳，每一陣都使你媽和我心疼不已。最傷腦筋的事，莫過早晨四五點鐘在床上大便，……

子：啊！爸，我們也弄過好多次了。等到換好床單，天已經快亮了，睡吧睡不著，不睡又怕上班沒精神。這時才知道做父母眞不簡單，也才眞正體味到「養兒方知父母恩」這句話的至理。

父：這些還只能算是序幕，好戲還在後頭呢。兒女進了幼稚園，在客人面前拍著小手唱「哥哥爸爸眞偉大，榮譽照我家。」這是你們家庭生活的黃金時代。等到他們和你一起看完電影，老是追問「誰是好人？誰是壞人？」然後又是一連串的「爲甚麼？」就算你博學多聞，最後總有一個「爲甚麼」讓你舉手投降。孩子，小心，那是你的小生命開始了新的成長過程。自此而後，憂喜交替苦樂參半的事可多著呢！

子：常聽人家說：「人生人，嚇死人。」我以爲只是說著玩的。等到淑梅生產小強，那種痛苦，掙扎、緊張，可眞的把我嚇壞了！

父：出生痛苦嚇人，因爲門窄路短，時間緊湊，痛苦十分集中，所以予人印象深刻。其實爾後成長的麻煩和困擾可更多，做父母的不僅要操心、出力、費錢，有時還要用心血和淚水去灌溉，以幫助他們完成他們的發育和成長。歡笑的時候固然不少，傷心流淚的機會也多的是。

子：想起來，眞的很對不起媽和您老人家。您以一個公務員非常有限的收入，除了維持一家的生活，還要負擔我們教育上的支出。實在說，這擔子很夠沉重的。可是中學時代，我們每個人幾乎都給您惹過麻煩，使您失望而又生氣，眞是……

父：算了，過去的就讓他過去吧！其實，誰都有過所謂的「狂飆年代」，以及那個年代的激情、衝動和困擾。最好笑的，是自己對時代和社會一無貢獻，卻又以

先鋒和中堅自居，而且總覺得內心的委屈很多。能使老師生氣或讓父母傷心，好像心理上就獲得了某種的平衡和補償。

子：眞的，爸，我們當時實在情不自禁，身不由己。現在想想，眞不應該。

爸：剛才我說過，成長是艱辛的。由於生理和心理的變化太大，加上許多的壓力、引誘和挑戰，少年必然會有少年的苦悶與煩惱，所以父母要有耐心。

子：有一點尤其不應該，小時候我們常嫌媽讀書不多。其實以她對我們的愛心，以及她爲我們所付出的辛勞，即使一字不識，也絲毫無損於她是一位偉大的母親。

父：你媽是一位善良的女性，也是一位好妻子。對家庭，尤其是對你們，她是盡了心也盡了力。

子：您呢，外貌嚴厲，其實心地慈祥和媽一樣。從前覺得您要求太嚴，道理太多。現在總算了解，您用您的方式愛我們並且塑造我們。您誠實、守信、而且堅持原則，希望我們能夠受到最好的家庭教育。當一切都已做過以後，而今您又豁達大度，凡事毫不計較。眞正是「洞明世事，人情練達。」

父：談到「世事洞明皆學問，人情練達即文章」，還差得很遠。不過人快六十啦，已經過了「五十而知天命」之年。知天即能知命，知命即能盡性，通情達理也是應該的囉。

子：說眞的，爸，以您的學識能力，有爲有守的性格和認眞負責的精神而言，您實在退休得太早了。

父：啊！世事看多了，不能參破也能看淡，老年能夠任性做一點自己喜歡做的事，也是難得的消遙自在。其實我也閒不下來，最近中華民國老人福利協進會的總幹事羅將軍要我給他幫忙，這件事到是很有意義。

子：您是說您要到協進會去上班啊？

父：不是上班，是幫忙辦辦活動。

子：他們的活動很多嗎？

父：就是不夠多才要我去幫忙，他們需要義務工作人力。今天我們的社會，慢慢的也成了兒童的天堂，青年和壯年的戰場。唯有老人，當兒女們成家立業之後，出國的出國，獨立的獨立，有孝心的未必有能力，條件具備的又未必眞有孝心。在我們這個敬老崇孝的文化大國，現在竟然只有功成身退的老人，必須面對孤獨和寂寞，眞正成了「失落的一代」。

子：爸，這一點請您放心啦，您永遠也不會是「失落的一代」。淑梅和我早就作了決定，只是我一時不敢向您提出來。今天談到這裡，我想和您商量商量。

父：甚麼事情那麼嚴重，吞吞吐吐的。說吧，父子之間還有甚麼不能商量的。

子：淑梅和我，想請您和媽跟我們住在一起，彼此都有一個照顧。不知您的意思……

父：我想先問一個問題，你們決定要這麼做，到底是爲了我們還是你們？你當然瞭解我的意思。

子：我們早就料到您可能會這樣問。這個問題看起來十分簡單，實際卻很不容易回答。您曾一再教訓我們：「義所當爲，毅然爲之。成敗利鈍，在所不計。」我們……

父：好啦，孩子，別背我說過的話讓我樂不可支，我是不容易中計的啃！回到問題的主旨吧。

子：可以說爲了你們，也可以說爲了我們。不過更深一層思考，這實在不是誰爲了誰的問題，而是應不應該這麼做的問題。正如您常常引用孟子對梁惠王的話說：「仁義而已，何必曰利。」若從現實利益觀點衡量，多少都會扭曲了這件事情本有的意義。時代變了，社會變了，家庭制度不得不變，這是無可奈何的事。但是不管怎麼變，親情與倫理的紉帶，永遠緊連者血濃於水的骨肉和心靈。您一定要問爲甚麼？我的回答是：爲了心之所安，爲了不讓自己感覺對不起自己。

父：好了，別說了。我爲你的誠意和孝心所深深感動。時至今日，新的一代心中還有如此濃厚的倫理道德觀念，是一件令人非常欣慰的事。可是你知道，在外邊我是大小做過幾任主管，但在家庭，我只是副家長。這件事要和你媽商量以後才能決定。

子：爸。您是說您答應啦！謝謝您了。

父：不是答應，要和你媽商量過後才能算數。

子：媽她早就答應啦，但她不願勉強您。所以……

父：好！說來說去，還是中了你們的計了。

子：您老人家一定要說我們用計，我要鄭重申明：我們用的是感情之計，而非謀略之計。

父：好，解釋得好。到了，我們下車。

子：爸，等一下，我來給您開門。

父：不用了，我還沒老得那樣弱不禁風。

他們下車，對話到此終止。

像我這種司機，聽完後座如此對話，沒有感想是不可能的，尤其因爲我是一個過來之人。從前，我是父親的兒子；現在，我是兒子的父親。幼年時期，家是我的溫床，也是我的安全堡壘。後來，由於大環境的壓力，接受祖國和時代的呼喚，投入抗日和內戰的巨流。離鄉背井，一去不歸。

另立門戶以後，當我第一次走向生產室，妻在忍受了那樣的痛苦和掙扎之後，他的目光溫柔而毫無責備之意，亦未說甚麼「都是你」之類的抱怨之言。在他嘴角泛起的，竟是一縷令人寬慰的甜美微笑。一時之間，高興而又感動，竟然掉下淚來。我感謝妻的堅忍和勇敢，我們共享歡樂，他卻單獨承擔創造新生命的痛苦。深一層的流淚原因，卻是從妻想起了生我育我的偉大母親。爲了我，他老人家也曾有過這艱難而又神聖的一刻，他也曾如此聖潔而又甜美的笑過。而今海天一方，音訊杳然，連想跪在他老人家面前說一句感恩的話都不可能。

自此而後，我把慈孝合而爲一。在我們祖孫三代之間，由於我居其中，承先而又啓後，對生命的延續和發揚，就有著更深一層的責任感和使命感。因爲對上一代有著無法彌補的虧欠和歉疚，對下一代就有著更深一層的摯愛和期望。雖在顛沛艱苦之中，仍然努力善盡爲父之責。我告訴自己，如果我是一個好父親，同時我也是一個好兒子，因爲我弘揚了一脈相承由雙親而來的生命體系。

可是，時代的變化太大，社會的變遷太多，大家有著壓力太大和適應困難的問題存在。兩代之間，交攪著太多的親情、矛盾、關切、隔閡、歡樂以及痛苦。當我開車謀生以後，太多的親子一再在後座上演著人生的悲喜劇。有的情況較爲嚴重，簡直令人對生命感到辛酸和絕望。

最後我終於明白：不管你如何努力，不論你是否偉大，到底沒有人能夠脫離社會的影響，跳出歷史的巨流之外。我們雖然可以弘毅勵志，堅忍奮鬥，以創造性的努力旋乾轉坤，但是我們仍然屬於這個時代，誰也無法擺脫時代加諸於你的影響，以及時代所要你承擔的命運。

但從大處著眼而觀，以生命的整體而論，每當歷史轉捩文明躍昇之際，正如女性臨盆一樣，痛苦是免不了的。正因爲有著這種無可避免的痛苦，新生命的誕生與新時代的來臨，才顯得格外的莊嚴和有著崇高的意義。

這一對父子或許並不太多，但也不是絕無僅有。隨著時代的變遷，父慈子孝的

方式必然會有所修正，但是屬於人的倫理天性則絕不可能泯滅。所以我們無庸灰心失望，不管情況如何惡劣，緊要關頭，人類總會以他原賦的天性、良知、智慧和力量挽救自己——使人成爲永恆的人，並且繼續不斷的力爭上游。

友誼

波康，我多年不見而又時在懷念之中的老友：

人到哀樂中年以後——尤其像我，落魄江湖，開車謀生。——即使未能「人情練達，洞明世事。」最少在情緒和情感方面，到底要比往昔穩健而又深沉多了。只是駕著這輛半新不舊的老爺車，經常往返奔波於北宜道上；由於山路起落曲折，加上「牛」老車古，常感世道坎坷，崎嶇難行。於是乎思潮起伏，感慨和感想就特別的多。不自量力加上好發議論，竟然草成一篇拙文「駕駛座上」。

眞沒想到，駕文在中副發表以後，先後收到好幾封給我善意鼓勵的來信，完全出乎意料之外。更有兩位先生相繼在中副對拙作加以指教補充。從字裡行間可以讀得出來，他們的駕駛年齡比我長，駕駛經驗比我強，文章也比自己的好得多。拜讀之餘，愧感交加，萬分感激。

不過說實在的，最使我喜出望外而又深深感動的，還是你的來信以及你對我的建議。從你所附名片上的頭銜可以看得出來，一身兼好幾個董事長和總經理，已經是一位極爲成功的企業家，你的忙碌是可以想像的。居然還有雅興閱讀副刊而且竟能把我那樣冗長的文章讀完，居然還記得我的名字就是你二十多年前的同事和好友，又居然毫不忘舊毫不勢利的爲我寫了一封三張信紙的長信，更居然要爲我在你的公司裡安排一個較爲安定的工作，以免繼續奔波辛勞。你的閱讀精神，你的記憶能力，你的高貴友誼以及你的慷慨好義，令我十分欽佩而又非常感動。這在今天的社會中——尤其是工商界，實在非常難得，所以極其可貴。我的感激之情，是無法以文字形容的。以往有人笑我「太理想主義」，現在足以證明，我對人生和人性的信仰不是沒有理由的。有的季節黑夜會很漫長，但是只要你有足夠的信心和耐力，黎明總會來臨，太陽總會高高昇起。

當然，像你這樣深入世俗而又不被環境污染的性情中人，在目前來說的確是可遇而不可多求。不久以前，我從臺北車站送一個乘客去永和，我們的確曾經同事一年有餘，十年以後，由於我是一個司機，此公竟然不認識我了。我想他不是勢利之極就是記憶力太差。如屬勢利，對之慷慨就是大頭；如爲健忘，和他大方等於白費。因此，車資我就如數照收。你知我居心敦厚生性愚魯，但是經過半生的經驗教訓，不再做對牛彈琴和挑水填井的笨事，這種不算智慧的智慧總該有一點了。

交朋友的最大益處，應是性情相投，心靈相知，聲氣相通。朋友做到這種程度，可以患難與共，可以福樂同享，可以生死以之而面無難色。正是古人所謂的「士爲知己者死，女爲悅己者容」。只是無分古今中外，即使親如夫婦兄弟，能到這種境界的畢竟百不得一，的確是難能而又可貴。等而下之，除了在錢酒上禮尚往來，學問上互相切磋以外，必也能夠勸善規過，以盡友責。如果眼看朋友即將懸崖失足，或者馬上就要江心翻船，做朋友的竟然不能或者不敢挺身而出，說幾句忠言逆耳的眞話，這種傢伙不是狡猾就止怯懦，根本無視於朋友的道義和責任。據我看來，由於現在的藥丸都有糖衣，所以大家根本不知「良藥苦口」的教訓爲何物，因此一聽「逆耳忠言」，往往十九「聞過則怒」。一次碰壁，永遠學乖，諍友益友當然就越來越稀罕了。

我們實不必慨嘆世風日下人心不古，也無須憂慮這種情形會每下愈況而不可收拾。每個時代有每個時代的陰霾，每個時代也有每個時代的太陽。只要細讀一遍莎士比亞全集，我們就能肯定下個結論：人心的險惡、現實、勢利與人性的善良、正義、豪邁，這光與黑的消長和善與惡的對立，實在是中外一體古今皆然的。

以交友一項而論，中國人將其列爲五倫之一，且流傳著「管鮑之交」、「俞鍾之約」的千古美談，實在是中華文化的一大特色和無上光榮。不錯，由於社會結構和生活形態都有著太大的轉變，夫婦不能天天同床者有之，父子不能朝夕相見者有之，親戚不能時常往來者有之，過份的緊張、忙迫、焦慮和不安全感，使人與人之間日漸疏離而深覺孤獨無依。此時此際，如何倡導多做「雪中送炭」，少作「錦上添花」，發揚朋友之間相知相勸互勉互助的功能，肯定做朋友的道德義務和高尙責任，實在也是復興中華文化重建社會倫理的一大重要課題。

話說回來，對你高貴的友情，對你善意的建議，請讓我以無限光榮、高興和感謝的心情回答你：「波康，謝謝你了，讓我繼續開車吧！」以我目前的處境而論，我所需要的是人情的溫暖和友愛的關懷。正當我自嘆「生逢其辰」可惜「無才不遇」之際，你以誠懇而又大方的方式給了我，而且非常及時，所以我對你的感激之情眞是無法言宣。而今時代動亂不已，國家處境艱難，舉世有著無數的人民正在受著壓迫侮辱，挨著飢餓痛苦，而我竟能躬逢歷史盛會，參與中興復國大業，在自己的工作崗位上負應負之責，出能出之力，爲爭取國家生存、發揚民族文化以及後代子孫的幸福與全民共同奮鬥，實在感到非常榮幸。在工作和生活方面，我能自食其力，又能自得其樂，享受充分的自由和現代化的家庭生活，三十年前所不能想像和不敢夢想的，而今我都擁有了。知足常樂，所以並無所缺，亦無所求，固無需任何實際的幫助，因此一時還不想接受你的美意和安排。我承認我的個性稍強，但是絕不至於不近人情、不通事理和不識抬舉。我這樣決定，當然會有我的理由。

理由之一，是我這個人毫無聰明才幹，不幸卻又有著才俊之士的自信和自尊。既自知自己的毛病所在，所以我就儘量與財富激增地位陡升的朋友保持安全距離，如此你就可以永遠與他握手寒暄舉杯談笑，充分享受平等的待遇和友情的溫馨。一旦入了對方「禮賢下士」的彀中，彼此有了隸屬關係，多半你就必須經常接受「有錢就有道理，有地位就有學問」的荒謬，而這正是我最害怕又最難忍受的痛苦和委屈。雖然別來已久，但我深知你的爲人以及你的胸襟和氣度，跟你共事一定不會有委屈。即使有，我也甘之如飴，以報知遇之恩。但是你的高級助手如何？他們將怎樣對待一個倔強而又無才的新人？那結果是不難預斷的。因此，「相濡以沫，不若相忘於江湖」。波康，你就讓我繼續開車吧！

理由之二，世路是很艱辛，江湖亦多凶險。但是如實而論，橫眉怒目之徒到底極少，守法講理的人依然還是多數。接觸久了更加發現，市井大眾誠樸而勤勞，守

望相助，疾病相扶持，煙酒往還，在人情味與正義感這一方面，實比高樓大廈中上下左右老死不相往來的人物更加可愛可敬。即使是那少數迷失方向的亡命之徒，深一層去了解他們，也有值得令人同情和寬恕的一面。因爲他們也許不知道自己有錯，知道錯的也許又不知道要如何改走一條不錯的路。如果能以適合他們的方式接近他們，再以外柔內剛的方式有原則的影響他們，多少或許可以收到一點匡正和指引的效果。與人爲善，助人向上，正是我所嚮往的菩薩精神。

我不以爲時代已經斷裂，我也不信世風不可挽回。既然人因疲勞而有瞌睡的時候，文明因轉型而有短暫衰退也很自然。只要還有有識之士有心之人，「處廟堂之高不忘其民，處江湖之遠不忘其君」，有者掌舵，有者舉旗，有者吹號，有者吶喊，以永不灰心永不疲乏永不休止的悲願、義勇和信心，從各層面和各角落，繼續不斷的做著敲鐘打鼓的工作。我相信，人性終將覺醒，文明一定繼續躍升。

因此，我愛江湖，我要留在江湖，並爲改造江湖稍盡棉薄之力。

理由之三，「駕駛座上」我曾說過，公路是世界的一部份而且自成一個世界。現在我要奉告閣下，計程車廂——尤其是後座，不僅是人生社會的縮影，更是一個具體而微的小型舞台。這裡沒有燈光，沒有佈景，沒有效果，但是有著愛與恨的交織，正與邪的抗衡，善與惡的掙扎，美與醜的對照。你一定知道，每個駕駛座上都有一面後照鏡，它比電視機螢光幕略短而又稍窄，從那裡除了可以掌握車後的情況以外，大概也可以看到後座乘客的頭部動作和面部表情。肩部以下，則可憑想像而得知。就從這一面狹小的玻璃鏡子裡，我看到了更深刻的人性和更廣闊的人生。有時，庸俗的商賈摟著妖媚的酒女，放蕩的浪子抱著粗野的太妹，你會搖頭嘆息，金錢、肉慾、刺激、享樂，竟然使人如此深深地墮落而又迷失了。但是有時，一個母親帶孩子看病，一個父親送兒子入學，夫婦之間的體貼，兄弟之間的友愛，以及眞正朋友之間的道義，乃至純正情侶之間的細語情話，又使你對親情、對倫理、對友愛，也就是對人類的天性和良知，懷抱著無限的希望和信心。不信，我要說幾個故事給你聽聽。後座「人生劇場」的不連續短劇看多了，我從悲喜惶惑之中理出一個頭緒：「假爲了證眞」，「惡爲了揚善」，「醜爲了顯美」，「凡爲了崇聖」。我們不必悲觀，亦無庸杞人憂天；對人類而言，仍然是一個充滿希望的大時代。

波康，爲了表示感謝，我寫這封長信，爲了寫信我整個下午沒有開車。你不用爲我操心，當我開車開累的時候，我常在樹蔭底下打開車門睡一個下午。我的哲學是：賺錢重要，逍遙更重要。內子的美德之一，是從不向我抱怨錢不夠用，而且能

讓兒女學習節儉。因此，我所需要的是足夠的錢，而不是太多的錢。從經營企業的觀點而論，你一定笑我不可救藥。但我無可奈何，我天生喜歡自由自在甚於功名富貴。像我這種人，竟然懷抱淑世的宏願，並且持之以恆力行實踐，我對自己已經相當的滿意了。

好啦，你就讓我留在江湖，爲我所能爲，樂我所能樂。而今而後，我的車子無論開到那裡，永遠滿載著你給我的友誼，也永遠滿載著我對你的祝福。

六十八年八月廿二日

於蘭陽平原

愛情三部曲

序曲

愛是一種激情衝動，也是一種恬靜溫柔。它可以表現於兩性間肉體的滿足，也可以訴諸彼此心靈的感應，更可靈肉合一，甚至昇華爲一種純粹的精神境界。它有時帶來甜美和歡樂，有時又充滿哀怨和苦痛。它是擁有，更是奉獻；它是治煉，更是希望。

作爲一個計程車司機，「後座劇場」的愛情短劇看多了，發現即使以兩性之間爲限，愛亦可以別爲許多種類，分爲許多等級。細加分析研究，必然可以寫成一本比「汽車原理與駕駛要領」更厚的書。可是眞實的生命必須要有眞實的愛，愛是生命的根源，愛的擴大和提昇，也是人類最大的希望。因爲有愛，我們才能忍受痛苦挫折而又甘之如飴，才能在失敗之後一再重整旗鼓繼續奮鬥不懈。如果沒有愛，則整個生命的歷程成了永無黎明的漫漫長夜。

擁有愛情是否幸福可喜，要看他擁有的是怎麼樣的一種愛情。因爲偉大的愛情使生命偉大，腐敗的愛情使生命腐敗。下邊我向讀者呈現的三齣短劇，時間不一，地點不同，三對主角也互不相干，是我從許多類似的故事當中揀選出來的。讀完以後如果引起你的感慨，請勿怪我。我既不是導播，亦非劇中人物。只是一個司機越俎代庖暫兼記者，執筆據實報導而已。建議倒是有的：作爲父母、兄弟、姊妹以及師友，教導並幫助新的一代，懂得而且能夠正確的去愛與被愛，這是大事，也是我們的責任與義務。

高尚的倫理道德發源並且奠基於健康純正的愛。因此，愛是一把鑰匙，除了啓開對方的心扉，它也幫助我們啓開一個人性的世界。

第一章　沉淪的愛情

時間：一個寒冷冬天的深夜。

地點：臺北市西門鬧區某街。

人物：一對青年男女。男的著一套色彩鮮艷手工考究的西服，圍一條純白絲質圍巾，頭髮長得過火，益發顯得其面孔瘦削而白得恐怖，顯然是一個富家公子哥兒。女的穿一條藍色牛仔褲，高領白羊毛上衣，領外扣了一條大紅三角巾，外邊套一件黑色的牛皮夾克。是富家千金？舞國名花？還是延平北路的紅牌酒家女？午夜細雨霏霏，燈光淒迷，我無法肯定。

序幕：他們扣著手臂站在路邊舉手叫車，沒有打傘。我在路邊停車，打開車門。他們上車，女先男後。女的立刻打開皮包拿出香煙，十分老練的吸著，呑雲吐霧，車內一片昏沉。

我：請問去那裡？

男：北投。

女：甚麼？北投？我不去。

男：不去也得去，誰叫你跟我出來。

女：你眞的很獸，總是，總是——

男：很瘦，我本來就很瘦嗎！可是你要明白，我有派頭。

女：算啦！我是說野獸的獸，你要求太多了。

男：媽的，你別弄錯了，我愛你才這樣。

女：哼！愛？你的愛我可領教夠了，一動就是——

男：達令，我告訴你，性就是愛，愛必須有性，這是分不開的啦。來，也給我一支煙。

女：你不是說你老爸不讓你抽煙嗎？眞不乖！

男：老頭子憑甚麼管我！他抽煙、喝酒、打牌、討小老婆，他憑甚麼權力叫我不來，我告訴你，理他也是陽奉陰違。哎！給我點起來嘛！

女：別給我要少爺派頭，處處得寸進尺，你自己不會點！

男：好，我就得寸進尺給你瞧瞧。（說著，一把將女的摟倒在胸前，要吻她。）

（我以爲女的會反抗，結果沒有。）

女：討厭，把煙給我熄掉。（然後轉身用手鉤著他的脖子，最令我厭惡的，她竟把一雙臭腳脫掉鞋子，毫無顧忌的踩在我的玻璃窗上。）

（心裡一氣，我把車子停在重慶北路的馬路邊上）。

我：對不起，請你們換一部車好嗎？

女：爲甚麼？上車不是講好的嗎？

我：我的頭疼突然犯了，厲害起來有時會暈過去。

男：走，莉娜，我們下車，美麗的春宵正等著我們呢！

女：下車就下車，反正去不去都無所謂。其實那裡不都一樣，幹嗎一定要去北投。

男：溫泉、美女、愛情、人生，情調啊？哈哈哈！

送走這對寶貝，馬上開車回家。

不是頭疼，我是心頭有點作嘔。

第二章　堅實的生命

時間：一個春天的傍晚。

地點：臺北城郊之間的路上。

人物：一男一女，上車以後，立刻給我一個印象，樸實而不土氣，健康而不粗野，熱情而不浮淺。從他們的服裝、舉止和談話推斷，男的是大學夜間部的學生，女的可能在工廠裡做工。從他們的眼神、表情和對話內容判斷，他們正在熱戀之

中。我是過來人，我能體會他們胸中有著太多的激情和愛慕之忱，需要傾瀉而出，需要被所愛的人欣然接受。但是他們止於脈脈含情凝視對方，止於互相熱烈的握著彼此的手。最少在我的車子裡，他們是如此的發乎情止乎禮，給我十分良好的印象。我羨慕他們的青春，我欽佩他們的自制，我祝福他們的未來幸福。

男：眞感謝你啦。

女：你又要感謝甚麼？

男：每年都讓你幫我負擔一部份學費，眞不好意思。

女：你這樣說不是不好意思，而是沒有意思。這種小事情，我們也要分得那麼清楚嗎？

男：無論如何，我總是個男人，更何況我們還沒有結婚。

女：你眞叫人生氣，越說越不像話。

男：對不起，我說錯甚麼了嗎？

女：你嗎？你既否定了愛情的義務，又看不起我們女人。

男：梅，我沒有這個意思，眞的沒有這個意思。擁有媽媽的母愛和你的關心，是我最大的光榮和幸福，我怎麼會看不起女人呢？只是你們這樣辛苦的工作，使我化每一分錢心裡都感到十分不安。

女：你錯了！因爲我們沒有錢，因爲我們必須辛苦工作才能支持你繼續深造，這才顯出伯母的偉大，也才使我覺得有資格愛你和接受你的愛，剛才你怎麼說？我對你的關心，只是關心嗎？

男：不要誤會啦，我說的關心就是愛，是更純潔更深情的愛。每次你不答應，我從來不生氣。愛需要犧牲，也要忍耐。事後我常想，這樣的確更好。

女：還好意思說呢！老想欺侮人。希望結婚以後，你能對媽孝順，也能眞正好好的待我。

男：你放心好了。明年畢業以後，一定照你的意思，我們一齊回到鄉下去。我還是教書，你呢，幫我媽管理那小農場。在工作上，我會盡忠職守，做個好老師。對你們倆，我會做個好兒子和好丈夫。爲了你們的幸福和快樂，我會付出我全心全意的愛。只是媽太勤勞刻苦，跟她一起工作，你可能會吃不消。

女：才不會呢，別把人看小了。只要有家有愛，將來又有兒女，對女人來說，一切都可以忍耐。再說，也只有勤勞的工作，才能使我們未來的日子比現在更好。告訴你，我不會爲這個操心。

我彷彿聽到男的無限深情的叫了一聲「梅」，女的旋過頭去凝視對方，抿嘴輕輕一笑。突然，她低下頭去，把披著長髮的頭部埋在情人的雙膝之間。

這樸實而又堅貞的愛，支持並且鼓舞著兩個年輕而又堅實的生命。我相信，在源遠流長的歷史進展中，他們不是大樑巨棟，最少也是鋼筋和混凝土的一部份，以他們堅實的生命和心靈，支撐著我們民族的「華夏」伸展向凌霄的高空。

第三章　理想的追求

時間：中美斷交以後，某個初夏深夜。

地點：高雄車站到×號軍用碼頭之間。

人物：男的著一套夏季軍常服，帶一個草綠色的圓形行李袋，健康英俊、雄姿煥發，官拜陸軍中尉。想必是奉調前線，現在要乘艦前往金門。女的穿一套素色翻領襯衫大花長裙，頭上竟然「清湯掛麵」，比中學生長個二三寸，由前額到後頸，紮了一根淡黃色的「處女帶」。加上臉部輪廓美好，身材健美玲瓏，十分活潑大方可愛，而且具有異乎尋常的高貴氣質。

女：海軍也眞奇怪，幹甚麼要在半夜一點鐘開船。

男：一點也不奇怪。第一，可以保密。第二，配合料羅灣的潮水方便靠岸。第三，避免敵方砲火干擾。

女：啊，小小陸軍中尉，第一次乘艦出海，看起來好像甚麼都懂似的。

男：要不要我告訴你一個軍事機密？

女：好啊，趕快說嗎！

男：全世界所有的將軍，每個人都曾幹過中尉。

女：這個誰不知道，還用你說。

男：知道就不應該看不起「小小陸軍中尉」。告訴你，官校只是我的起點，後邊還有參謀指揮學校，還有戰爭學院。想想未來，當那偉大的戰鬥到來時，大軍乘勝追擊，英勇挺進。而我參加了這場歷史性的戰役，甚至指揮著其中的一部份。你想：這是何等豪壯，又是何等痛快。

女：那我畢業後教一兩年書，我也要考研究所。

男：好啊，一文一武，我們並駕齊驅。

女：我對你有一個希望，要不要聽？更重要的，能不能做到？

男：你知道我會盡力而爲，我肯盡力而爲的事，也很少會做不到。說說看嗎？

女：我是讀歷史的，中國歷史上的名將都是文武兼備，有的根本就是文人治軍，所以有個光榮的稱呼叫做『儒將』。我希望你能多讀一點兵學以外的書籍，尤其是歷史和哲學，不要老是「我是一個軍人，一介武夫」。我告訴你，媽對你放棄普通大學而進軍校，十分不以爲然，到現在還耿耿於懷呢！

男：第一，我答應你。第二，我做得到。第三，我不會怪伯母，她的看法已經成爲今天的流行觀念。因爲你，我不僅尊敬她，我也愛她如自己的母親。但是我出身第一流的家庭和第一流的中學，我選擇我的生命之路必須有我自己的見地和抱負。你學歷史你應該承認，用歷史的眼光看我們的生命，名利享樂，並不是最重要的。更重要的是有無理想和抱負，能否使生命發熱放光而不與草木同朽，曾否以堅忍不拔的奮鬥參與過繼往開來的歷史事件。此外還有……

女：還有甚麼？說嘛。

男：曾否眞正的愛過與被愛過。對於某些與眾不同的心靈而言，寂寞是很悲劇性的。

女：你應該滿意了，我對你很不錯，而且在媽前面一直說你的好話。昨天媽爲你做的幾樣菜，可眞拿出了看家的本領。

男：我知道。我把忠誠獻給國家，心靈許給愛人，永遠堅貞不二。總有一天，她老人家會以我這個乘龍快婿爲榮。

女：我很喜歡你的那份信心和驕傲，有時又覺得你太自信太驕傲了一點。

男：信心是成功的基石，驕傲是品格的支柱。作爲一個革命軍人，沒有信心怎能英勇無畏勇往直前，沒有適度的驕傲怎能有堅強的自尊心和榮譽感。

女：好啦，中尉，算你有理。

男：碼頭到了，「上尉」，給我一個臨別紀念吧。

女：紀念品在這裡，是媽要我送給你的。（說著，給男的套上一根項鍊。）第一，祝你永遠平安康樂。第二，免得你見了戰地之花就要心猿意馬。

男：臉上再來一個，你就可以高枕無憂，絕對的放心了。

女：（指著面頰。）好吧，這裡。

男：軍事行動，主動第一，我要自己選擇戰場。

女：你也學壞了。（說是這麼說，但她還是柔順的讓他輕輕的吻了她的嘴唇。）

碼頭上燈火明亮，我以專注而又愉快的眼神，目送他們的背影走向升火待發的

兵艦。兵艦甲板上，已經站滿了到前線去的官兵。突然之間，那艦橋上的燈光照亮了我的心眼，使我更清楚的看到了未來的遠景。

固然有人誤會文憑學位加專業知識就是知識份子，但是「以天下爲已任」有抱負能擔當的時代青年也所在多有。每個社會有它的渣滓，每個時代有它的菁英。江山代有才人出，即使天要坍下來，炎黃子孫自有英雄人物應運而生，以頂天立地的精神，支撐一切。

中華民族精神至大至剛，中華歷史文化可大可久。我們不用杞人憂天，但是必須幫忙清除垃圾，並在自己所守的崗位上，不要過分計較個人得失，而以超越一己利害的胸襟氣度，爲時代和國家，奉獻出我們的意志、力量、血汗、以及淚水。

如此，我們所面對的才是一個：「充滿希望的大時代。」

宗教文化政治

司機的太太

時代變了，二十年風水輪流轉。而今，對於捕捉媒體外的「背景消息」以及反映群眾心理的「馬路新聞」，咱們「計程後座」，早已淩駕茶樓酒肆壓倒街談巷議。退休以後開車謀生，不得已也。做夢也沒有想到，自己會成爲第一流的「消息靈通人士」。

有時深夜收班回家，飲過凍頂烏龍，偶爾會興緻勃勃，把太太叫醒了複述我的「路偷社」電訊。由於消息重大而又突然，太太會像機器人似的從床上一彈而起，一面思考研判，一面以她最撩人的姿態攏攏她的秀髮。

「你是開車經過郊外中了邪？還是喝了春藥媚酒想動我的歪腦筋？你沒有神經病吧！」

但是第二天看過報紙以後，她會爲我泡上一杯得獎的上等茗茶。

「孩子的爹，你的消息怎麼會這麼靈通？」

「從今以後，你可不能小看我了！」

有一次，另有兩位乘客在我後座談話。

「最近黃金一定要漲，聽我的忠告，多買進一點。」

「沒有辦法，最近頭寸轉不過來。」胖子回答。

「把股票抛空，越快越好。」

「近來股市穩定，我要考慮一下。」

「當心考慮過久，你會後悔莫及。」瘦子說。

三天以後，世界各地的黃金漲勢果然像脫韁野馬，而疲態乍現的股市，忽然一下子竟然在交易所跌停了板。我想，那位胖子一定「後悔莫及」。我呢？銀行存款微乎其微，所以沒有甚麼好後悔的理由。此事如果先跟太太商量，肯定她會柳眉倒豎：

「你瘋了是不是！就算你不想開車，也用不著買一大堆黃金掛在脖子上，累不累？」她明知我很少喝酒，但她準會加上一句：「你今天沒有喝醉吧？」

可是事後我把此事向她細說從頭，她忽然杏眼圓睜，拍案大吼：

「你這個沒有腦筋的笨蛋，這麼好的機會你都不會把握，我看你啊，只有一輩子開車囉！」她見我毫無認錯的悔意，意猶未盡，狠狠來個買一送一：「算我倒霉倒透了，天下那麼多可愛的男子，我怎麼會嫁給你這個笨蛋！」

忍耐是有限度的

談到太太，我想大部份人的處境和煩惱大致和我類似，女性溫柔得像「浮生六記」裡芸娘的固然極少，潑辣得像「訓悍記」裡依麗沙白那樣的亦復不多。多數都是歡喜寃家，既表現相當的溫存和體貼，又給你適度的痛苦和折磨。有她，經常頭痛煩惱；沒有她，生活很不方便。老婆，永遠是你傷腦筋的另一半。

是怕？是愛？是憐香惜玉？還是忍讓爲懷？由於每一對「個案」的背景和情況都不完全相同，所以很難做定性和定量的分析並下定論。從古至今，兩性之間多半都是「晴，時多雲，偶陣雨。」愛恨交加，怨親交織，乃是愛情與婚姻的常態。摔破的杯子尚未掃淨，太太又「爛嚼紅絨，笑向檀郎唾。」不說你也知道，下回如何

分解。

總之，夫妻沒有隔夜仇，所以讓每一個自投羅網的呆頭鵝去傷他自己的腦筋，你我不必「看戲掉眼淚，替古人擔憂」。每個人都有他自己的哲學，用他自己的哲學解決他自己的問題，是他自己的權利、責任和自由，我們無須越俎代庖多管閒事。我有一友，留美耳科博士，專攻左耳，兼治右耳。一個富有的病人，依例送過紅包，自稱「甚麼也聽不見」。我這位朋友經過一番檢驗，竟然當著他太太的面證明雙耳都很正常。這就是專家型的食古不化和不通人情。

以我來說，上街開車賺錢，內子是「司機的太太」，在家操持家務。一旦心血來潮她要用車，本人又成了「太太的司機」，只好聽從指揮東奔西走，如果東西買得不合心意，還要隨時供她出氣降火。這其中酸甜苦辣的快樂滋味，圍城之外的單身漢是無福消受也無法想像的。我用如此語氣說話，你就知道我是一個知足常樂的好丈夫，一個無可救藥的樂天主義者。

不幸，這一次的黃金潮破壞了我們家庭的均勢和諧。大至國家，小至個人，容忍總是有限度的。爲了那一點點空中樓閣的黃金，她竟然不念夫妻恩情，連用兩個「笨蛋」罵我，實在有失厚道，嚴重損傷我的人格和尊嚴，是無法忍耐也是不可原諒的。內子是一位虔誠的教徒，心平氣和的時候，她常常提到經典，並且視每一個傳教師都是聖者。每個月都要省下若干菜錢投入教會的奉獻箱，以換取上帝的恩澤和一家大小的平安。

我的信仰觀

我深深了解並且可以肯定，我們大家所以平安而又康樂，是因爲我們有一個積極負責的政府，加上全國上下團結一致，勤儉奮鬥，才能擁有今天這樣一個相當進步的小康之局。一切成就與快樂，要靠我們的智慧和雙手，沒有奇蹟，也不會從天而降。我也信仰宗教，虔敬而且熱忱，並且渴望我的宗教不斷改革進步，對淨化人心安定社會能夠有所貢獻。更希望能在消弭人類浩劫挽救世界文明危機的歷史運動中，發揮積極的影響力，扮演重要角色。

除了信仰的宗教不同，我與內子信教的態度也有很大的差異。我認爲並且堅持，淨土就在腳下，天國就在人間，而且唯有人力可以創造建立。眞正偉大的宗教聖者、政治家、革命家和社會改革者，都有一顆悲憫仁慈的愛心，理想與目標也大致相若，只是造福天下普濟蒼生的路徑和方式不同而已。信仰宗教，可以給予我們的心靈一種慰藉和鼓舞，進而產生力量，幫助我們超越悲苦征服坎坷，鞭策我們追求眞善誠正的道德生涯，以建立高尚純潔的性靈和人格。

我在若干貧窮國家和落後地區，清清楚楚看到了宗教迷信的陰暗一面：他們的奉獻沒有換到家人的幸福，他們的祈禱也沒有帶來集體的安全。於是我更堅信：信仰本身就是眞善美聖，一種源自心靈，表現於行爲，完成於事功的精神力量。與迷信、膜拜、祭祀和祈禱，實在沒有太大的關聯。

可是內子卻以爲，我開車所以能平平安安，不是我的技術高明謹愼小心，主要是因爲祈禱時她向上帝提到了這一件事。這樣的執迷不悟，我相信上帝也會竊笑她的荒唐。雖然如此，我們家庭中從未因爲信仰而引起宗教戰爭。基於中華文化的寬容大度，我們彼此尊重互相包容，正也合乎時下的理性民主和信仰自由。

我知道我是一個眞正的笨人，如果我不笨，怎麼可能這麼一把年紀還要淪落江湖開車謀生。正因爲我眞笨，所以太太罵我笨蛋，實在擊中了我的要害，使我傷心而又憤慨。說也湊巧，大約是去年初冬，我們之間發生黃金衝突以後不久，一天傍晚，天氣既冷又暗，我把包車的客人送到台南，突然歸心似箭，急著回家休息。車子開到南門路，兩個人攔住車子要去高雄。

一個四十上下，道貌岸然，看樣子是一個教師。另一個大約二十來歲，眉清目秀，只是略嫌清瘦，大概是一個學生。比賺回程車資更令人驚喜的，是聽他們二位在後座的對話。對於宗教和政治這門學問，眞是好好上了難得的一課。最重要的一點，是從他們的對話可以證明：先知有眞有假，宗教有正有邪，每一件聖袍法衣所包裹著的，並不一定都是高尚聖潔的靈魂。

親愛的太太，請你原諒我的小氣，我也要對準你的要害還以一擊。只要你肯讀完下邊「宗教的神話」這一章，你就會恍然大悟，到底誰是笨蛋。是辛辛苦苦開車賺錢養家的我？還是奉獻金錢供養「假先知，眞騙子」去欺世盜名的你？

宗教的神話

生：老師，你眞是辯才無礙口若懸河，昨天你的佈道講得實在太好了。我眞希望將來也能具有你這樣的雄辯口才。

師：今天晚上會更加精采，我要使它成爲偉大樂章的不朽序曲。神所默示我們

的事功，終於接近成功的目標了。感謝主的啓示，感謝國際友人的支援，正如經上所說，我們充滿了信心和力量。

生：老師，我能向你提一個建議嗎？在學院所有任課老師中，你的熱心和自信，使你成爲最具說服力的一位，即使有些觀點與事實或邏輯不盡相符，但是你能使人相信，你就是眞理的化身和上帝的代言人。所以我最佩服的老師就是你。

師：感謝你的讚美。事實上我有一種神聖的使命感，使我自覺要比其他的宗教領袖或政治人物偉大得多。兄弟，上帝要我帶領這些無知而又可憐的羔羊渡向幸福的新世界。說吧，你有甚麼建議？

生：正如你的談話一樣，你的佈道證詞眞理說得太少，政治卻談得太多。不錯，我們也是公民，我們有權討論政治以及行使我們的政治權利。但是以政治言論代替聖言靈糧，以個人代替全教教友，從神學的觀點省思，我覺得未必合適。

師：可憐的孩子，你要多讀歷史。歷史告訴我們，只有三權集於一教，眞理只有一個，那才是人類思想與生活的黃金時代。可惜人類不知好歹，人文主義興起以及由此而來的科學和民主思潮，終使政教分離。兄弟，這是教會的悲劇，更是人類的悲劇。

生：可是老師，你所謂的黃金時代，歷史學家卻稱之為中古黑暗時期。相反的，政治的歸政治，信仰的歸信仰，政教分離以後，歐洲才有人權自由和民主政治的出現。近代史上雖然仍有少數政教合一的國家和地區，但是社會封閉落後，人民生活困苦貧窮。政教分離，乃是不可阻擋的歷史大潮。

師：看起來，你是讀過一點歷史，可惜沒有讀通，更缺乏正確的史觀。最危險的是，你背離了教會的立場和信仰初衷。孩子，你當然可以表示你對事理的看法，但是永遠不可違背神的旨意和教會的政策。你要記住，宗教與宗教的明爭暗鬥，比政治還要政治。

生：可是老師，由於經濟繁榮教育發達，大家都能大膽懷疑勇於批判，我們已經進入一個多元化的社會。因為觀察角度和理解程度不同，我們認為不容置疑的眞理，別人也許認為只是一個虛幻的謬誤。我們應該尊重教友以及廣大群眾的觀點和利益，尤其必須尊重客觀而合乎理性的眞理。

師：眞理是：信徒捐獻供養教會，等於供養上帝。一個合乎邏輯的推論，聽從我們等於聽從上帝。這些眾多而又易於掌握的善良群眾，正是我們的社會資源。政府推行民主政治，憲法保障信仰自由，他們也了解我們有國際背景。以合法的途徑

爭取政治權力，目前的大好時機豈可失之交臂。兄弟，你不要太呆了！

生：我承認我呆。可是老師，萬一信眾當中有人根據純正的神學義理提出異議甚至責問呢？民主政治之可貴，就在人人有權在法律之前以平等的地位表示不同的意見。

師：哎！你不懂很呆，而且太嫩。你要知道，大部份信徒歸依教會，只是要從我們這裡接受教誨和指導，然後無憂的生活和安心的工作。他們對神學固然一知半解，對政治更是人云亦云。你懂的你就談政治，不懂的你就談信仰，再不懂你就祈禱：「仁慈的主啊！請以你的智慧之光照耀並且引導我們，阿門。」如此這般，誰還能有異議？再說，反對教會等於反對上帝，誰敢？

生：我一直感激老師對我的愛護和栽培。但我一心致力研究的，是如何以聖經中的眞理來指導人的行爲，使每一個人的心中都有上帝，彼此善心對待，誠實而又友愛的相處，並從工作和生活中，享受生命的悅樂。我所立志獻身的事業，是奔走人間傳布天國的佳音。對於政治我毫無興趣，所以有些工作學生歉難從命。

師：不要固執，固執是一種愚昧。興趣可以培養，不會可以學習。只要膽大心細隨機應變，就沒有不能回答的問題。形而上的問題交給上帝，形而下的難題推給政府。我們可以大聲說：「我們繳了捐稅，這個問題政府應該負起責任。」

生：就我所知，台灣大部分宗教團體和道場都不繳稅，包括他們附設的事業在內。我自己也還沒有完過稅，因爲我還沒有賺過錢，除了學院給我的獎學金。

師：有甚麼關係！你只要說得理直氣壯，就好像剛剛從稅捐處回來一樣。有些問題難以應付，只要用手在胸前劃一個十字，抬頭仰望蒼穹，然後誠懇地說：「我今天站在這裡，因爲昨夜上帝給我啓示。我對你們說的每一句話，都是遵從上帝的聖旨。」對方只有知難而退，想責問也沒有那個膽子。

生：我們這樣說誠實嗎？這樣做正確嗎？我們如此執意捲入政治旋渦會得到上帝的允許和教友的認同嗎？我們爲何不能以維護教會的傳統爲己任，一心弘揚上帝的福音，以挽救世界文明危機，重建人類的靈魂和良知呢？

師：孩子，你應該張開眼睛看看現實的環境。台灣的政治人物，見神就膜拜，見廟就燒香，不是爲了信仰，而是爲了玩弄宗教。至於宗教人物，無分教派宗派，一部份任由政治權力擺佈，以政治關係抬高自己的身價。一部份趨炎附勢，彼此相互利用，以攫取更多的社會資源。眞正超然於政治之外的，屈指可數。

生：我們可以做那屈指可數的少數，堅持原則，把握方向，帶領信徒走出卑陋

邪惡的污濁洪流，邁向光明聖潔的天國。把清明廉正還給政治，把超然神聖還給宗教。這樣不是很好嗎？

師：時代背景不同，教會的歷史使命也指向新的目標。國際友人支持我們，他們也有他們的目的，而今大家騎虎難下，已經沒有掉頭或轉彎的迴轉餘地了。

生：爲甚麼要偏離我們信仰的正軌呢？爲甚麼我們要跟著異國劇本演我們不該演的角色呢？這樣做到底又是爲了甚麼呢？

師：爲甚麼？爲了回到政教合一的偉大時代。人有七情六慾而且貪得無厭，以人爲主的政治必有權謀鬥爭，貪污舞弊，殘殺迫害。但神的愛大公無私，只有在神權統治之下，社會才有可能充滿公義、和平、和互愛互助。

生：可是若干西方國家乃至少數亞洲國家，對中國人始終不懷好意，他們覺得中國應該永遠貧窮落後，永遠逆來順受任人宰割欺凌。他們表面尊重宗教信仰和文化傳統，實際可能別有用心。最令人痛心的，從鴉片戰爭、甲午戰爭到現在，竟然還有中國人隨聲附和他們的主張甚至配合他們的行動。只要是有良知的知識分子，一定難以理解，更不能苟同。

師：你剛才不是主張政教分離嗎？現在你又把對宗教、文化以及人權的保護和國際政治陰謀混爲一談了。可見每個人都有他的矛盾，我也難免，你也難免。

生：老師，——

師：說吧，還有甚麼問題？

生：我想遵照家父的吩咐，休學回家休息一段時期。

師：兄弟，你需要的不是休息，而是冷靜、勇氣和正確思考的智慧。孩子，低下頭來，讓我爲你祈禱。

生：是的老師，我們大家都需要祈禱，祈禱上帝指示我們一條邁向眞理的康莊大道。

讓我們一起祈禱

無庸諱言，這是一個人心腐敗道德淪喪的危機時代，迫切需要以哲學智慧、道德良知和宗教慈心，提升人類的文化素質，重建人類的倫理規範道德情懷。如果知識份子也背離理性出賣良知，宗教人物也缺乏眞誠的博愛慈心，甚至隨俗浮沈爭權謀利，對教育和宗教都是一種諷刺，對社會更是一個莫大的悲劇。

信仰是基於心靈需求和性靈提升而產生的精神力量，能否改造自己造福他人，關鍵在於眞誠和勇氣，擔當和力行，而非盲目崇拜或追隨。生命的意義要靠自己創造，不是那些假先知所能定價出售或慷慨賜予。只有自力更生，構築人生的理想，掌握生命的方向，一步一步堅忍向前，生命才能充實而有光輝。

不少宗教信徒和領袖人物，顯然具有雙重人格。外表看似天使，內心卻是撒旦，集虛僞、自私、貪婪於一身，投機取巧無所不爲。惡魔披著聖袍，不但欺騙大眾爲害社會，也使眞正的聖者蒙羞。

讓我們一起祈禱：

「仁慈的上帝，在這個價值混淆人心徬徨的時代裡，請賜給我們眞正的先知和有耐心又有愛心的牧人。更請賜給我們智慧、定力和信心，足夠我們認清方向，堅持原則，追求理想。請幫助我們找回那一隻迷失的小羊，更請幫助我們牢牢記住，保護羊群的集體安全實爲我們更大的責任。讓我們的行爲充滿博愛慈悲，合乎天理人情，更合乎公道與正義。阿門。」

離婚的喜劇

時間：夏天，一個炎日的下午。

地點：高雄市左營到前金之間的馬路上。

人物：一對夫婦，以下簡稱男、女。

　　司機本人，以下簡稱我。

背景：故事開始時，天氣十分炎熱，馬路上的柏油路面都給太陽烤的軟巴巴的。我幾番力勸自己回家打坐，因爲這樣的大熱天氣，人們火氣上升，夫妻容易吵架，流氓容易拔刀。這種時候開車謀生，缺少天時、地利、人和三項條件中的任何一項，一不小心，凶多吉少。

不過就我而言，心情甚佳。第一，車內有冷氣，天熱我不熱。第二，內心自有主，人兇我不兇。第三，中午前後，接連跑了兩趟臺南和美濃，都是包車跳錶，收入已經超過預算。現在，我該找個有大樹的地方大大睡一番遲來的午覺。

經過左營大馬路時，我看到一對夫妻正在路邊吵架。只有太太會以那樣的方式和先生爭論，也只有丈夫在面對妻子的吵鬧時才會有那樣的表現。「趕快逃走！」我對自己說。我和內子訂過條約，車子可以開，賺錢多少也不要緊，但是必須謹守「三不去」。三不去者，人多的地方不要去，有問題的地方不要去，有糾紛和是非的地方不要去。所以我想左轉勝利路，去蓮池潭邊睡他一覺。

但是天下有許多事情，如果命中已經註定，你是想逃也逃不掉的了。譬如你該討某人爲妻，該生某人爲子，該被某人倒賬，有時陰錯陽差，機緣巧合，冥冥之中如有神助。從前，我年輕氣盛，決心不聽安排，要與命運之神戰鬥到底！其實，勝也罷，敗也好，你自認爲憑藉戰鬥所獲得的結果，也許這正是你的命運所應得的一個定局。

男的舉手要我停車，我難得糊塗假裝「有看沒有見」。可是那女的一個箭步站到馬路中間，我的車子就是插翅也飛不過去。眞沒想到，攔車也有這等攔法的。大概沒睡午覺的關係，我的情緒有點惡化了。

我：（很大聲）這位太太，你這是甚麼意思？

女：甚麼意思？叫車啊。

我：這不是叫車，這是玩命嘛！幹嗎你要找我哪？

女：你幹嗎要逃走？

我：逃走？我爲甚麼要逃走？

男：對不起，駕駛先生，她今天的情緒不太好。

我：這種大熱天，誰的情緒會好？除非眞有修養。（說著，自覺臉紅起來，心情開始轉穩。）再說，你們這樣吵架我不載，我太太不喜歡我跟人家吵架，也不要我幫助人家吵架。

女：（瞪男的一眼），你瞧！人家多聽太太的話。

我：不聽也不行啊！她吵起來比你還兇呢？

（她又瞪我一眼，既好氣又好笑的樣子。這時我才注意到，她長得相當美。鼻子很高，眼睛很大，一目瞭然，個性太強而任性，很像亂世佳人中的費雯麗，身材卻比費雯麗還高些。）

男：對不起，先生，我們不是吵架，我們是要離婚。

我：還不是一樣，吵架是離婚的原因，離婚是吵架的結果。

女：請你幫個忙罷，我們照錶付錢。

我：不是錢的問題，幫忙人家離婚可不是「日行一善」，這違背我做童子軍的誓言。

男：我們兩廂情願，你先生不會有任何責任，包括法律和道德兩方面。

我：這可難說，我不載你們去，晒晒太陽，也許你們又和好如初了。

女：你不載別人會載，瞧，那邊又來了一輛啦。

（當我踩下離合器正想掛檔開溜，「離合器」突然給了我一個啓示：話說天下大勢，「有合就有分，能離即能合」。操縱得法，說不定會有意想不到的結果。）

我：你兩位請上來吧，車內的冷氣都快跑光了。

男：不要緊，我們會多付你一點油錢。

我：問題不在這裡，家裡的那位會怪我多管閒事。

女：死鬼，你瞧瞧人家，對太太多好。

男：太太，你要離婚，你就沒有叫我死鬼的資格啦！

我：讓我說句公道話，如果眞要離婚，你也沒有資格再叫她太太了。

（男的取下眼鏡仔細的端詳我，我也乘機從後視鏡中好好的看了他一眼。人是略爲清瘦一點，（太太的嚕嗦，是丈夫的最好減肥藥。）但是氣色甚佳，態度從容，而且眉清目秀，文質彬彬。看樣子，像個教書先生。）

男：說得也是。（戴上眼鏡，搖搖頭。）人生的矛盾實在太多了。

我：啊！連科學也有無法解決的問題，何況人生，更何況婚姻和愛情。其實，愛與恨只是情感的溫度問題，離與合也只是彼此的距離問題。即連善惡美醜，亦不過是判斷和審美的角度問題。在工作和道德上，我們必須負責認眞。至於婚姻生活，只有裝聾作啞，才進得了幸福的窄門。

男：說得眞對。她就是不能作啞，而且特別嚕嗦，你只要一進門，有時甚至只要一按電鈴，她就沒得完的，實在叫人受不了。

女：你啊，你可裝聾裝過頭啦！一回家就做大老爺，不是報紙就是電視，不然就跟兒子下棋，你的眼睛裡還有皇上嗎？不，我是說他根本沒把太太放在眼裡。

男：看電視下象棋，我是沒有辦法，你實在太嚕嗦。

女：（聲音有點嗚咽，）跟你講講話也是沒有辦法啊！在公司裡記帳，一天到晚寫數字，你知道有多煩嗎？

我：我可以表示一點意見嗎？（女的看我一眼，楚楚可憐，無限哀怨。男的舉手示意，輕輕說了一個請字。）

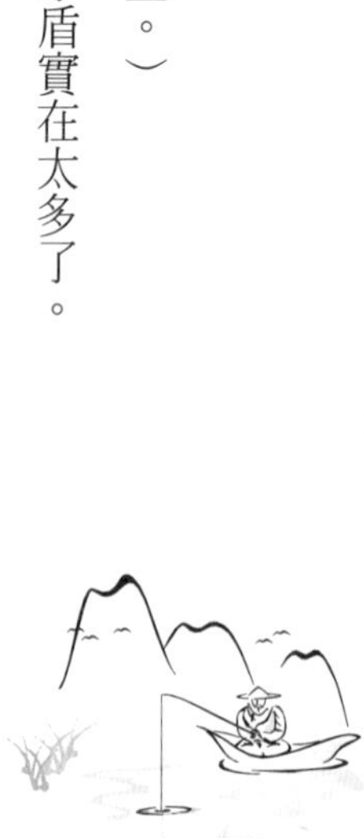

我：這話要從兩頭說起。看報下棋，是文化家庭的高尚休閒活動，不上酒家，不泡舞廳，你有一個特級標準丈夫，你就不能再苛求了。至於不放在眼裡，那是你的看法，也許分身乏術，他把你放到心裡去了。（兩人都發出輕輕的一笑，反應良好，本人大樂。）

我：至於不嚕嗦的女人，我只見過一個，那是我買的一座維納斯石膏像，我喜歡她的沉靜甚於她的人體美。不過話說回來，如果你能改用欣賞而非厭煩的眼光看這件事，那結果就大大的不同了。從另外一個角度衡量，太太的嚕嗦爲幸福家庭不可或缺的基本因素之一。第一，她用來肯定丈夫的存在，表示她的關切。第二，她的傾訴滔滔不絕，表示她的愛情專注而且排山倒海。第三，對不起，適度的嚕嗦加上適度的接納，將爲午夜的愉快建立情緒的基礎。不信，你們可以試試。（男的欣然微笑，不是同意我的看法就是欣賞我的口才。女的雙頰泛紅，低下頭去，好像用手在丈夫大腿上捏了一把。我彷彿聽到男的輕輕叫一聲「哎唷」，不敢肯定。這時，車子已經開到中正路圓環。

我：（明知故問，）請問你們要去那裡啊？

男：問她。

女：（半響不語，然後以既低又慢的聲音說。）法院。

我：（故意大聲，）到高雄地方法院辦理離婚，實在是天底下最大的滑稽和最大的諷刺。

男：此話怎講，可否請道其詳（顯然，他已猜到下文。）。

我：法院門口就是愛河，它會讓當事人想起從前的海誓山盟，以及親友們「永浴愛河」的祝福，這還不夠諷刺的？（說著，法院已到，我把車子故意停在靠河的一邊。）

我：下車吧，你們從左邊下還是從右邊下？

男：這有甚麼分別嗎？（顯然，他還是明知故問。）

我：分別可大啦！從左邊下就進法院，從右邊下就跳愛河，這方向不是清清楚楚的嗎？（他倆互相凝視，沉默不語，片刻以後，還是男的主動）。

男：尊重女權，太太，你先下吧！

女：（下定決心，）先就先，跳就跳，有甚麼了不起。

（後座右門還未打開，我已掛上排檔，離合器一鬆，油門一踩，向左營方向疾馳而去。

男：（依舊明知故問，）請問，先生，你要帶我們去那裡啊？

我：左營，你們的愛河不在這裡，應該是你們家的浴缸。天氣這麼熱，你們應該回去洗一個澡，「永浴愛河」一番。

男：哈哈！

女：噗嗤！（兩人同聲一笑）先生，你眞是一個好人。（他倆回到原地下車後，女的竟然拿給我車資四百元，超過一倍還多。我把手伸出車窗，搖著手裡的鈔票。）

我：（大叫，）我不要多拿，我只要應得的就行了。

（女人伸出手來，我以爲她要收回一兩張，沒想到，她竟在我手上重重的打了一下。）

女：拿去啦，別客氣。

（男的也回過頭來向我擠擠眼睛，帶著幽默與愉快和感謝的表情。）

男：好啦，一點意思，你就收下吧。

我：收下可以，你們要回答我一個問題。

男：好的，你請說罷。

我：你們有孩子嗎？

女：有啊，二女一男，大的已經讀高一了。

男：而且品學俱佳，相當的優秀。

我：結婚而有優秀兒女，這就是婚姻成功而又偉大的地方。祝你們——「永浴愛河」。

男女：（點頭，）我們會的，你放心！

我：（舉起手中的錢），謝了，再見！

男女：再見！

夕陽西下，彩霞滿天。幕落，劇終。

回家以後，面帶微笑，心情特佳，情不自禁地哼著幸福合唱團的名歌：Save me, I falling in Love!

太太問我是否中了愛國獎券？我說沒買怎會中獎。

「那好，你今天可眞的有了外遇了！」眼睛一紅，她說：「我們離婚好啦！」

聽到「離婚」二字，使我大吃一驚，復感啼笑皆非。於是我不得不趕快說完下午的喜劇故事。太太終於破涕爲笑，向我道了二十年來的第一個歉。「好了，原諒

你這一次。」

所以，我告訴各位，對於多數女人而言，「離婚」二字，有時是說著玩的，有時爲了發洩，有時則是一種武器。做丈夫的要是認眞，不是修養欠佳，就是缺乏外交手腕和政治頭腦。若有第三者竟也當眞並且捲入漩渦，不是居心叵測，就是莫名其妙。

除非一方眞有極其嚴重而又不可救藥的致命缺點，或者一方受到不可原諒而又無法忍受的侮辱與損害，否則，離婚都是愚蠢的，也是不必要的。偶爾吵吵鬧鬧，反而增加情趣，使家庭像家庭，夫妻更像夫妻，只要不離譜就是上等的了。

我和王爾德的看法不同，而且比他更切實際一些。夫婦長相廝守，當然彼此有所了解，但是永遠不會徹底。食共桌，寢共床，情感交往，經濟相通，誤會也是不免，也不會深到那裡去。適度的了解加上適度的誤會，這正是合乎中道的美滿良緣。你要離婚，證明你是傻瓜，你一定會後悔。不信，我們可以打賭。

生活在歷史中

一、重作馮婦

自從我在中副寫過「駕駛座上」以及一系列的車廂見聞以後，因而很多朋友都知道我開車謀生，除輾轉相告之外，有人並且惋惜地說：「他的個性如果好一點的話，本來可以很有前途的。」聽到這些言談，感觸自是難免。落魄江湖還有人關心品評，起碼證明我做人做事總算夠格。至於個性是好是壞，標準固然難定；保持個性與爭取前途孰重孰輕，結論恐怕就更加難下了。

兩年半前，機緣巧合，我又有了一份較計程司機更爲安定的工作。當此天下不安舉世動亂之時，能夠準時上班下班，過一分安定的日子，確是難能可貴也值得珍惜。但是大多數人都有一個毛病，就是好日子過久了反而常覺不耐煩，北方人說「吃飽了撐的」，更普遍的說法是「人在福中不知福」。舒服日子過慣了，卻又不時

懷念往日的駕駛生涯。主要原因之一，能從後視鏡中反觀後座舞台的人生戲劇，進而透視人性關懷世變，繼之蒐集素材從事寫作，紀錄下這個大時代的點點滴滴，對我來說，駕駛座的確有著特別的意義和高度的吸引力。

十月份，我把國定假日、年度休假和例假連起來，以十天時間北上訪友。俗話說：「在家靠父母，出外靠朋友。」爲了使轉變中的社會依然充滿善意的關懷和溫馨的祥和之氣，我們每個人都應該盡力使朋友在工商社會裡依然保持往昔的重要地位。無論如何，如果人與人之間只有競爭、沒有互助，只有敵意、沒有友誼，只有利害衝突、沒有道義感情，對於這樣的社會，我們就很難稱它爲文明世界或高尚人間了。只要每個人都能以眞誠、善意、熱忱待人，必要時盡你的力量對人伸出友愛互助的手，一個冷酷無情的社會馬上會變成溫暖光明的天堂。

我第一個要拜訪的當然是胖楊。我們一起在馬祖南竿當過連長，共過生死患難。又因爲他的維護與照顧，使我在那開計程闖江湖的三年中，居然沒有受過太大的委屈。找他喝上兩杯金門大麴，暢敘一番別後離情，自是人生一大樂事。但是楊大嫂一開門，只見她愁眉深鎖面色凝重，完全不是從前爽朗好客的楊大嫂了。

明知情況不妙，我依然親切的向她問好：

「大嫂，您好。大胖開車去了？」

「少說也有一個月沒開了，正病著呢！」

「病著！甚麼病？」

「還不是肝炎，都是在外邊亂吃東西吃的啦。」

趕往醫院見到大胖，一個虎背熊腰的大漢，一下瘦了十來公斤，看起來軟弱無力，不復當年英武，正是英雄最怕病來磨，著實使我心中十分難過。過去的經驗告訴我，生病固然可怕，貧病交迫，尤其可悲。爲了盡一點做朋友的義務，我決定把剩下的一個禮拜爲他開車，多少可以減輕一點生活的壓力。

「那怎麼可以！」楊大嫂說：「你難得有假期來北部玩玩，怎能讓你幫我們開車。大胖有勞保，情形還不那麼嚴重。」

「大嫂，以大胖和我的交情，有甚麼不可以。現在是十月，難得一個旺季，人閒著無聊，車閒著可惜。你要是不同意，就是把我老張不當朋友。」

「阿梅，把鎖匙給張叔叔，他需要一個更有意義而又快樂的假期。」

這才是互通聲氣的心腹之交，他了解我的性格可能勝過我自己。他給機會讓朋友善盡爲友之道，這種做人的率眞豪邁，較之手放在口袋裡大聲爭著付帳的虛僞矯

情，其可貴與可厭相距實不可以道里計。爲這樣的朋友做任何我能做的事，我都勞而無怨，何況只開一個星期我喜歡開的計程車。

二、車中人語

如果駕駛技術眞正上段而又兼具耳聰目明，做爲一個計程司機，後座舞台的形形色色，實在夠你觀賞的。就以這爲友代勞的一週而言，有夫婦爭吵，有父子懇談，有人分析香港一九九七，有人批評交通紊亂與環境髒亂爲市政之恥，有人從索忍尼辛的給自由中國談到政治遠見與道德良知。總之，只要你能細心傾聽，又能愼思明辨，固然可以增加許多人生的見識和瞭解，對社會變遷與歷史發展的動向，亦可多多少少掌握一些蛛絲馬跡而能了然於心。

提到歷史動向，我必須把這一週中最深刻的一次對話紀錄公諸於世。乘客是兩位五十多歲的中年男士，從服裝儀態，可以看出他們是公務人員，從談話內容，可以知道他們在教育界服務。胖的樣子比較隨和，我稱他爲甲。瘦些的表情不甚愉快，我稱他爲乙。他們一進車廂對話就開始了。

甲：既然會議決定這麼做，就照他們的意見辦，不必跟他們生氣，也犯不著。

乙：可是我們是教育工作者，我們不僅傳道授業而且承先啓後，凡事應該從歷史的高度著眼。只顧目前無事而不考慮長遠的影響，這就叫做短視！

甲：我覺得你想得太多，看得太遠，而且也太認眞了一點。何必爲此自苦而又得罪別人！生活得輕鬆一點不好嗎？

乙：不能想得太少，看得太近，因爲我們每個人都站在歷史軌道的一點上，對往古的祖先固然要負責任，對未來的子子孫孫更要有所交待。認眞、執著，在我是不得已的。我以爲，參與任何事件，發言或作爲固然要負責任，不發言或不作爲也要負責。明哲保身有時候可能是另一型式的自私、怯懦、甚至罪惡。你說輕鬆，只有良知許可問心無愧才能眞正輕鬆。

甲：你把問題看得太嚴重了。大家討論問題看法不同，這是見仁見智，沒有是非與好壞的問題。能有一個折衷辦法已經很好，因爲民主政治本來就是妥協嘛。如果事事訴之於道德良知，我們的心靈就不勝負荷了。

乙：說實在的，你不像一個教歷史的，歷史爭的就是大是大非的千秋定論。把不應妥協不能妥協的問題導致妥協，這正是民主政治的嚴重缺陷。你要知道，以往

日本侵華，我們八年抗戰是歷史事件；現在日本人姦淫文字、妄圖篡改歷史還是歷史事件；我們反對並抗議日本篡改歷史，也是歷史事件。事件發生當時，或因報導欠詳，或因傳聞失實，或因故意誇大，或因蓄意掩飾，新聞之有爭議或許難免。但是時過境遷，新聞經篩揀、過濾、冷卻、凝固而成爲歷史，它就必有是非、正邪、善惡、美醜。怎能說沒有是非與好壞呢！

甲：你說的當然也有道理。但是今天國家處境艱難，處理問題尤其是外交問題，常常左右爲難，極其棘手。如果過分訴諸情感，堅持正義，有時不僅於事無補，可能更使問題益形複雜與惡化。只有冷靜適應，才能獲至更大的利益。

乙：我的看法是，正因爲處境艱難，我們更加要堅持正義。正義也是一項武器，而且有時較之刀槍火炮更具威力。歷史證明：「爲正義而戰的隊伍，必然所向無敵。」至於訴諸感情，如果你指的是激動、衝動和盲動，當然不妥。但在應該激昂慷慨、勇往直前的時候，依然無動於衷泰然自若，如此過分的理性，這與冷淡、冷漠、甚至麻木又有何異！這次索忍尼辛來華，他曾語重心長的對我們說：「所有生活富裕的人們，容易喪失對危機的警覺，沉緬於今日的生活，結果可能喪失了抗敵的意志。」其實孟子早就說道：「生於憂患，死於安樂。」我們生活富裕得很久了，但是我們絕不能讓我們的青年成爲溫室的蘭蕙，甚至「懦弱到寧願做敵人的俘虜和奴隸，也不願去戰鬥。」

甲：好吧！我同意你的高論。問題是如果日本人處心積慮要掩飾他們歷史上的罪行，那就表示這個民族根本不願從歷史得到教訓。抗議，即使是強烈的抗議，有甚麼用呢？」

乙：對日本人沒有用，對我們自己可有用。從九一八算起，已經半個世紀過去了。全面抗戰距今四十五年，抗戰勝利距今三十七年。戰後出生的這一代，沒有人聽過隆隆的炮聲，見過熊熊的抗日烽火，很少人會唱「大刀向鬼子們的頭上砍去」。歷史課本中的八年抗戰，十分精簡。戰爭的刀光血影，以及被蹂躪、被侮辱、被欺凌、被殺害者的啜泣、呻吟、痛哭、哀號，已經被淡忘。但是對於曾經耳聞目見，甚至身受其害的我們這一代來說，所有在抗戰中所受的苦難，所留的創痕，所不能忘懷的悲傷、仇恨與憤怒，常常會回到我們午夜的惡夢之中。對於我們，八年抗戰不是漢唐歷史，不是宋明舊事，而是與我們同時代的同胞、朋友、親戚、甚至父母、伯叔、兄弟、姊妹，爲了不願做亡國奴，爲了保衛國家民族的生存，以大刀、長矛、步槍與手榴彈誓死抗敵的神聖戰爭，以大義與英勇蘸著鮮血、

汗水和眼淚所寫下的悲壯而又光榮的現代史。

基於中國人天生的溫柔敦厚，我不希望我的子孫繼承我們的仇恨。但是，對這一段血淚交迸、可歌可泣、充滿屈辱苦痛、艱難危險而又值得驕傲的光榮戰史，竟然不以爲意；對於日本人要把侵略中國改爲「進出」中國，把令人髮指罪大惡極的南京大屠殺，淡化歪曲爲「因爲中國軍隊的強烈抵抗刺激了日軍，因而殺害了許多中國軍民。」竟然無動於衷，我的失望，我的悲哀，是肯定的。

甲：和你一樣，我也是在抗日戰爭的炮聲、歌聲和殺聲中長大的一代，在感情上——我是說對國家與同胞的愛，對敵人的恨，對時代的關切與獻身，我們的感受是相同的。也許，我的感慨比你更多更大也很難說。但是現實擺在眼前，我們力量不夠，肆應困難，顧慮就不能不多。

乙：你說力量不夠，是指土地幅員，人口數量嗎？是指三軍兵員，武器裝備嗎？還是指可以迅速動員有效運用的國家資源呢？不錯，這些都是力量。但是我以爲，最豐沛最堅實的力量，乃是你所說的對國家與同胞的愛。有了全體國民對國家堅貞而忠誠的愛，其他一切力量，才有穩固的基礎，才能作最高度的運用與發揮。愛，國民對祖國的愛，才是國家最大的力量，而且取之不盡，用之不竭，千年萬世，滔滔不絕，那才是中華民族立國的根本所在。

甲：閣下言之成理，兄弟衷心佩服。但是你所說的愛，與眼前這件事有甚麼關係呢？

乙：當然有關係，而且關係大極了！祖國像我們的母親，應該說祖國是我們偉大的母親，無分時代治亂、收成豐歉、國力強弱，她總是盡心盡力的養育著我們，鍛鍊著我們，保護著我們，愛著我們。正如白樺所說：「她的江河裡流著我們的血液，她的樹林裡留著我們童年的夢想。」母親以他的乳水哺育我們，以她的胸懷溫暖我們，以她的手牽引我們衛護我們。我們長大了，愛她、尊敬她、保衛她、爲她犧牲，是天性、良知、義務、責任，也是我們神聖的權利。但是，教導子女孝親敬長，增進國民的愛國情操，同樣也是父母和國家的職責所在。我總覺得，這一次我們未能及時而動，適切而行，無疑等於老師請假，使愛國教育曠了極爲重要的一課。我總耿耿於懷，覺得遺憾而又可惜！

甲：你的感受我能理解，你的看法我也同意。只是當前國步維艱，把重點擺在如何突破困境，把目光放在開拓未來契機，權衡利害，或虛或實，或守或攻，這在策略的運用上是不可避免的權宜。所以古人說「大勝不必力，大力不必爭，大爭不

必遽。」再說，如果日本人執迷不悟，一心要回到軍國主義的老路上去，那是亞洲的悲劇，更是日本的悲劇，但再也不會是中國的悲劇。我相信九一八、一二八、七七，這些歷史故事再也不可能在中國的土地上重演了。

乙：問題就在這裡。他們把頭號戰犯東條英機移葬靖國神社，他們的首相鈴木還公然率領百官入社祭祀那些軍閥戰犯，現在更進一步又要篡改鐵證如山的罪惡歷史，其用心與目的已是昭然若揭。如此玩弄文字魔術與政治把戲欺世愚民，其目無天下之驕狂與一意孤行之剛愎，實與當年在南京搶、燒、姦、殺的日軍同樣的可怕可恨！他們想不想歷史重演是一回事，在九死一生中受過教訓的中國人允不允許他們重演是另一回事。不輕率不衝動，表示我們的穩健深沈，不默爾而息，表示我們具有充分的歷史性眼光與警惕。如何讓偉大的中華國魂永遠保持高度的清醒莊嚴，對於我們以及我們後代的子子孫孫，這都是一個極其重要的神聖課題。

甲：是上個月吧，有一位楊昭仁先生一個人拿著一塊「打倒日本」的牌子到濟南路中日交流協會去抗議。抗戰時，他的姊姊被日軍姦淫，他的父親被日軍打成殘廢。現在日本文部省妄圖篡改歷史，再度激起他內心洶湧的國仇家恨。交流協會閉門不理，楊先生靜坐半日，最後還是被警察好言勸走了。對那些路邊的行人而言，抗日戰爭的烽火，南京城的吶喊和血淚，都已成爲歷史課本中的遙遠往事。他們也許會想：「就算我也參加抗議，抗議能有甚麼結果呢？」

乙：一定會有結果。從一八七四年日本首次出兵臺灣算起，到今天是一百零八年；從一五五三年（明嘉靖三十二年）倭寇大舉進犯浙工算起，到今天是四百廿九年。這位缺乏誠意與友善的強鄰，一直覬覦著我們的領土與資源，成爲我們最可憂與最可怕的心腹大患。鴉片戰爭以後，我們大部分的內憂外患與他有關，大部分的國恥與國恨也因他而生。不錯，抗戰是過去了。基於「不念舊惡」，「與人爲善」的傳統美德，仇恨可以忘記，甚至可以「以德報怨」；但是，屈辱、痛苦和教訓可不能忘記。尤其是支持我們獲至最後勝利的抗戰精神，更加不可忘記。三千萬生靈，是何等龐大的一個數字，稍稍運用一點想像力，那眞是血流成河，屍骨如山。如何使這鉅大的犧牲，具有不朽的意義和崇高的代價，如何使那些善良、英勇、忠貞、不屈的靈魂，得到永恆的安息呢？我們後死者、後繼者的最大責任，就是運用機會教育我們的子弟，發揚不怕死、不投降、不可侮、不能屈的抗戰精神，光大自強不息、至大至剛的民族傳統，使我們立國的基礎，根深蒂固，雖經萬年億世，任何人也無法撼其分毫。這就是我所希望的結果。

甲：畢竟我們都是在「一寸山河一寸血，十萬青年十萬軍」的號召下投筆從戎的一代。爲了捍衛國家主權，爭取民族生存，在黃河兩岸，在長江下游，在滇緬印支山區。我們都曾分別與驕狂兇殘的日軍作過戰，而且負過傷。對於「國家至上，民族至上」以及「意志集中，力量集中」的深刻涵義，我們有著特別透徹的體認。回首前塵，在硝煙烽火中長大的那一代，可能有著特別堅忍、耐勞、忠誠、負責，和勇於犧牲的性格。這次日本人篡改歷史事件，與索忍尼辛的「給自由中國」，來的正是時候，我們年輕的一代，在安定與富裕中生活得太久了，既不知人間疾苦爲何物，又不察國家處境之艱難。距離一場生死存亡的戰爭，只有五十年，大家竟然變得如此漫不經心滿不在乎，實在是一件很可怕的事。智眼見遠，慧心識大。一旦時移勢轉，我們最大的敵人可能正是我們自己。

乙：談到現到，殊途同歸，終於聽到閣下深獲我心的一席話了，千言萬語總說一句：「有了爭氣的國民，才有爭氣的國家」。古人說：「殷憂啓聖，多難興邦。」我希望「居安思危」的「憂患意識」，使我們永遠保持應有的清醒和警惕，在生活富裕中，不至軟化腐化，在艱難困苦中，而能更強更勇。啊！到了。，請停車，我們下車吧！

我的感想

他們下車以後，對話的餘音繚繞我的耳際，使我思潮起伏，感慨良多。談話當時，雖然我只是一個「玩票的」司機，但用他們的話說，畢竟我也是在抗日戰爭中成長的一代，對於戰爭的悲壯與殘忍，我見過，也親自參與過。

談到抗戰，許多有血有淚、可歌可泣，悲壯感人的畫面，就會在我的腦海湧現出來。想到那些面目猙獰的日軍，拿著現代化的殺人利器，欺凌殺害我們手無寸鐵的老弱婦孺與兒童，想到活躍在我們家鄉蘇北平原上的游擊健兒，以可能拿到的一切武器，以無比的英勇與裝備精良的敵人作殊死戰鬥，雖然事隔四十多年，胸中依舊悲憤填膺熱血沸騰而不能自已。在許多抗日歌曲、戲劇、演說和宣傳文件中，常常提到：「黃河的嗚咽嘆息，長江的憤怒咆哮，太行山的英勇不屈，崑崙山的巍峨崇高。」他們所說的「不怕死、不投降、不可悔、不屈服」的抗戰精神，就是以黃河長江爲不竭的源頭，以太行崑崙爲不拔的根柢。任何時代，任何力量，敢向以此大河巨山爲基礎的中華民族精神挑戰，最後必然遭受敗亡的悲慘命運。使其自大、

驕橫和野心，成爲可笑的愚行和歷史悲劇。

談到歷史，我以爲我們中國人，實在是世界上最富於歷史文化意議的一個民族。大多數人，尤其是知識份子，都自覺自己是生活在一個繼往開來的歷史序列當中，因而肯定了自己在歷史中的地位與責任。畏懼家族批評、鄉里公論、歷史褒貶，是促使中國人崇德守法的主要原動力之一。在歷史長河的巨流之中，雖然我們每個人只是其中的一點一滴，卻也因此或多或少，或大或小，參與了鼓動歷史潮流，創造歷史事件，扭轉歷史方向的不朽工作。

盱衡世局，今後在統一中國的大道之上，爲了迎接光輝燦爛的「中國之春」，我們仍有漫長的路要走。我希望當代的中國人，一定要牢記並且發揚「中國捷克日本，南京重慶成都」的抗戰精神，更進一步提升我們的歷史意識，以長江黃河的恢弘氣度，以太行崑崙的崇高志節，完成我們應該完成的時代使命。

讓我們證明：抹煞歷史的人，將被歷史淹沒；污蔑眞理的人，將被眞理降伏。

十字路口

一、洋洋大觀

爲了上班，爲了工作及生活，幾乎每天，我必須通過高雄市區的十字路口，有時徒步，有時開車，偶爾也騎騎腳踏車。

一如台北市，高雄市也有若干圓環，最爲知名的就是中山路的大圓環和中正路的小圓環。至於十字路口當然到處皆是。在通過這些圓環及十字路口時，技術要好，膽量要大，忍耐的功夫更要高，否則，人不被撞傷，車子不被碰壞，十有五六，肚子也會氣炸。在高雄市，不論你是用雙腳，用兩輪、還是用四輪，只要通過圓環或十字路口，如果不能非常小心加上過人的寬容大度，緊張、生氣、乃至感慨萬端，是很難避免的不愉快。偶然「偷得浮生半日閒」，爬上高雄市的人行陸橋。陸橋在高雄市，多半有橋無人，儘管橋下熙熙攘攘，橋上常能鬧中取靜。在這裡冷眼旁觀，感喟良多之餘，到也別有一番領略和心得。

從表面上看，交通秩序之所以亂，是因爲交通工具的量太多而類太雜。有人列舉，在我們馬路上奔馳、橫行、穿梭、蛇彎，乃至任意迴轉倒退的，大的有貨櫃車和十輪巨卡，小的有腳踏車和迷你摩托車，中間從八輪到四輪有大貨車、小貨車、遊覽車、交通車、旅行車、計程車、公共汽車和私家小汽車等等，不一而足。此外還有轟轟隆隆威風八面的三輪貨車，外號鐵牛。一旦進得城來，既無行照亦無駕照，「耕牛」也就變成馬路上的「野牛」。

事實上，遠比車輛更爲複雜的，是駕駛者和行人的品類和素質。駕外國車的未必都是高級的紳士淑女，開計程車的也有很多正人君子。年齡、性別、身份、加上不同的教育和技術層次，開起車來或走起路來，就形成了洋洋大觀的品相和風格，善惡、美醜、好壞，十分的錯綜複雜。歸納起來，約有下列六種類型。

一、規規矩矩一板一眼，觀其行車可以知其爲人，這是難得而又可敬的君子。二、存心守法力不從心，不免犯錯立刻舉手致歉，這種人早晚可成正果。三、心無道德目無法紀，逞強耍狠蠻橫霸道，這是標準的汽車惡棍馬路流氓。四、偷偷摸摸鬼鬼祟祟，能投機就投機，能違規就違規，這是道地的標準小人。五、麻木不仁不知死活，把安全和生死全部交給煞車，既是無知又是無賴。六、快衝急煞，蛇行穿梭，以玩命爲勇，以犯法爲能，既討厭又可憐的混蛋兼蠢蛋。

車輛的多少和駕駛人的品類暫且不談，更深入一層去分析，問題之根本癥結乃在我們的同胞缺乏現代國民應有的文化素養和人文精神。凡事只求滿足我私我慾，恣意妄爲旁若無人，那裡還有甚麼道德規範和法紀觀念。對交通法規是挑戰，對市政管理是諷刺，對國家形象既是傷害也是恥辱，對現代化的思想觀念和生活行爲更是一個令人啼笑皆非會掉眼淚的大笑話。

二、紅綠燈

「綠燈前進，黃燈預備，紅燈停止。」包括幼稚園的小朋友在內，這是盡人皆知的一項交通號誌。其發明、設置以及正常的運作，對於保持交通流暢和維護人車安全，有極其重大的作用和貢獻。尤其是在平面交叉的十字路口，而中央又有個圓環，假設沒有紅綠燈的裝置，其混亂、壅塞和危險的後果，是不堪想像的。

對於世局重大變化，股市行情起落，政界人事更迭，凡是有人叫嚷：「我早就

知道啦！」或者「我早就看出來了！」之類，其聲音之大小必然與他的智商高低成反比例。這一類的人有個外號，叫做「事後有先見之明」的「預言家」。人類有個共同的弱點，那就是喜歡利用或製造機會表現自命不凡，令人氣餒而又悲哀的是，我們必須承認，平凡才是我們大多數人的本質。

但在十字路口，你卻可以充分看出中國人的聰明過人以及如何把聰明用在爭先搶道和不守秩序之上。但是這類「傑出」表現卻也不禁令人驚惶擔憂，如此「勇敢」的不愛其軀和「慷慨」的不恤人命，正是文化粗糙文明低落的具體表現。

看看別人開車，這才知道太太說我太笨並不過分。很多駕駛人的眼睛都有斜視歪視的特異功能，只要另一邊的綠燈開始閃動，這邊馬上加油猛衝。我們的國民不僅目光遠大，而且視線還能拐彎抹角，眞是天賦異稟聰明過人。使我這個既驚又憂的拙夫有點茫然不知所措，應該引以爲榮呢還是引以爲恥？

這邊闖紅燈固然膽量過人勇冠三軍，另一邊搶黃燈更是當仁不讓分秒必爭。這種情況之下，不是兩車相撞同歸於盡，就是誰先煞車誰就認輸。通常都是大型車贏小汽車，計程車贏私家車，摩托車贏腳踏車。撇開車輛類型與輪子多少不談，僅就駕駛或騎士而論，年輕人贏大人，職業駕駛贏自用駕駛，小人贏君子，惡棍贏好人。即使可能有例外，敢說比數也很低。如此公然而具體的展覽我們的國民素質，正好明確的說明；我們的交通事故焉能不多，我們的社會秩序焉能不亂！

綠燈前進是權利，黃燈注意是義務，紅燈停止是責任。只有大家都能負責任，盡義務，並且尊重別人的權利，輪到你行使權利時，你的權利才能受到充分的尊重和保障。如果這樣淺近的道理都不能懂，這樣簡單的分際也不能守，這就表示我們的國民教育程度和國民道德水準都有待提高，社會大眾對民主、自由和法治的正確觀念也有待端正和加強。

紅綠燈在任何文明法治社會，都是具有高度權威的交通號誌，它是以機械操作燈號代替交通警察執行公務。但在高雄市盡人皆知，「僅供參考」而已。

十字路口是一個社會的縮影，也是一個國家的櫥窗，從這一個櫥窗去認識一個民族的文化水平和國民素質，雖然走馬看花浮光掠影，但卻常常是：「雖不中，亦不遠矣！」

三、越線受罰

在十字路口，最諷刺的一件事，就是停車線前明明寫著「越線受罰」四個大字，可是從早到晚，「越線」的很多很多，「受罰」的卻少之又少甚至根本沒有。爲了這件事，常常與太太弄得很不愉快。她的理由是：

「既然無人受罰你幹嗎老是找我一個人的麻煩？我騎車載你上班可是一番好意。」然後話題一轉，乘勢追擊。

「難怪孩子們說你老頑固，根本就跟不上時代，又老想用道理訓人，眞是以怨報德。」

聰明的男人應該知道，當你跟另一半辯論，若是對方發言離題越來越遠，上上之策就是停止討論，即使認輸投降也都值得。爲了家庭的風平浪靜，我立刻自建台階自動下台。

「你說的也有道理，」我說：「你就照你的方式騎吧。」

「到現在才明白，總算頭腦還有清醒的時候。」

口中雖然這麼說，但我內心不服氣得很。「越線受罰」，斗大的黃字寫在地上，即使不代表國家法律，至少也代表行政命令。其目的更是盡人皆知，那是爲了維護交通秩序和人車安全，並且藉此養成國民守分守法之精神，成爲名實相符的現代化國家的現代化國民。

車輛超越黃線甚至停在斑馬線上，這是公然藐視法令，不守規矩分際，侵犯他人的權利，而且妨害到他人的安全。凡是受過良好教育、具有道德精神和法治觀念的人，絕對不肯做出這種格調低下的差勁行爲。現在大家越線成習取巧成風，久而久之，連負有取締權責的公職人員也習焉不察視而不見。對於嚴謹守法絕不輕越雷池半步的人，反被視爲迂腐而成爲嘲笑的對象。公信力何以喪失，公權力何以不彰，從十字路口的蛛絲馬跡中可以尋找到答案。

十字街頭最爲令人搖頭嘆息的現象是：大型車以喇叭代替煞車，這是以大欺小。大車擠小車，小車擠摩托車，摩托車擠行人，這是恃強凌弱。明明紅燈已亮，只要首尾相接不留空隙，於是結夥跟進衝刺，這是嘯聚滋事，挾眾逞暴。該停的不停，該走的就不能走。對一個號稱禮義之邦的國家和一個已經進入民主法治的社會而言，這種情形不應該有，也不應該被允許有。

四、斑馬線

斑馬線，或者稱之爲行人專用穿越道。顧名思義，它是爲了保障行人也有通過馬路的權利。既然路是大家的，用腳走路的人更應該受到特別的照顧。斑馬線如果眞有權威，這表示社會大眾具有守法精神以及超乎法治之上的道德觀念，既能尊重他人的權利，更表現出謙恭禮讓的文明風度。果能如此，這就是儒家德法兼治甚至以德治取代法治的理想社會。不幸，我們距離這樣的理想實在太遠了。

在我居住的高雄市，車輛如果碰到紅燈，與前車的距離又太大，實在無法仗勢違規強擠硬衝，很多人會越過停車線大大方方把車子停在斑馬線上，往往叫走路的人拐彎抹角緊張而又費盡九牛二虎之力，才能勉強安全通過一條馬路。筆者開車上街，絕對不做這種沒有修養而又缺德的事，蓋夫子早有明訓：「己所不欲，勿施於人。」凡事只要能夠易地而處，多爲別人設想一番，「忠恕之道」是很容易實踐的美德。正是：「吾欲仁，斯仁至矣。」

有一個下雨天，我雙手都提著東西，當然就無法打傘，行人穿越道的電動號誌亮起邁步擺手的人形，表示此時我可以安全穿過馬路。但是一輛豪華賓士轎車突然阻擋我的去路，車內一男一女雖然血色差些，樣子還算端正。淋著雨，喘著氣，我從車前繞到他的駕駛座旁，正巧他在抽煙，所以車窗半開著。我說：

「先生，下這麼大的雨，你把車子停在斑馬線上，你要我們走路的如何通過這條馬路？是鑽呢？還是飛？」

我看得出來，這對男女很不高興，也很驚訝，他們絕對沒有想到會有這種事情發生。說老實話，爲了公益和公道，這一次我準備豁出去了。出乎意外，這伙計既不道歉也不大怒，只是沈著臉關上車窗。正好前面綠燈亮了，他就立刻加油絕漿(雨天無塵)而去，帶著一臉的得意之色。而我，提著不忍摔出去的醬油瓶，茫茫然佇立在兩排時速四十到六十公里的車陣當中。

誠然，寬容是一種氣度，忍耐是一種美德，道德之治是一種理想社會。但在一個並非人人都是君子聖賢的現實社會中，加之工商繁榮人口集中，人與人之間的權利義務利害關係變得十分的錯綜複雜，執法者有虧職守的過分寬容與當事人的過度忍讓，常被那些習於投機取巧不明是非善惡的小人們低估或錯估。這一部分聰明智巧所形成的人力資源，往往被負面地誤導而又誤用了，於是以逞強鬥狠爲高，以投

機取巧爲能，甚至以不守法紀爲榮。過分的寬大忍讓，不僅無助於德治之實行，相反的，更使法治尊嚴掃地，也使正義公道離我們越來越遠。

雨水淋在頭上，突然使我聯想到：年輕人在家庭和學校中得寸進尺，車輛在街頭霸道橫行，乃至「政治拜拜」的「法律假期」，大家競相譁眾取寵，最後變成人人有利無理，個個有我無人。這些混亂現象的相互彼此之間，誰敢斷言沒有邏輯因果的必然關聯呢？

五、愚見與芻議

筆者生性魯鈍，讀書不求甚解，爲人也是大而化之，不拘小節。閒來翻閱周易，加上多年浮沈人海，亦偶有愚者一得之見，雖無大義深意，仍願公諸於世，與讀者共勉之。

世事之福禍吉凶，繫於人心之善惡正邪。易經六十四卦，大多禍福相倚，吉凶互現。但是「安貞則吉」，「愼則無咎」。只要居心貞正，行事謹愼，環境再險，形勢再危，亦能趨吉避凶，化禍爲福。而心思之善惡則又繫於一念之間，所以說：

「即心即佛」，「天堂就在你的心中」。

同樣的道理，行車上路，禍福也是存乎人之一心。大致而言，心躁則急，急則求快，快則相爭，二人以上相爭過急逼人太甚，終局必有一敗或傷，甚至兩敗俱傷。等到變起倉促大禍臨頭，措手不及就悔之晚矣！反之，如能保持心平氣和，動靜舉止則安舒從容，從容則謙恭禮讓，禮讓則可以大禍化小，小禍化無，人人都可以「高高興興出門，平平安安回家。」

我希望每一個開車上路的人都能想到一點：「我之外還有人，人之上還有法，法律之上還有道德。」只要大家都能養成知禮、守法、忍耐、謙讓之美德，十字路口相遇，彼此略慢一點，稍讓一步，即可化仇視爲友好，化緊張爲輕鬆，化暴戾之氣爲安全祥和。皆大歡喜，天下太平，又何樂而不爲。

古人說：「不教而誅謂之過。」相反的，「教而不罰也是錯。」對我們的交通秩序和道路安全，乃至環境髒亂，毛病就出在勸導與教育的宣傳太多，而取締與處罰的行動太少。管仲相齊，王霸天下三十六年，其成功的根本之道，就在於「信賞必罰」，「令出法隨」。新加坡消除髒亂所以功效卓著，用的也還是管子這一套辦法，所以無人敢把法令規章視爲具文。

照我看，再怎麼劣根性難改的蕣民都有他的弱點：一是要命，二是要錢。對準這個弱點，如果既已教矣而又不能化之，那也只有「以法治爲手段」，矯正他們的愚昧和頑劣，「以德治爲目的」，養成大家崇法守禮的高尚精神。

法家之治，重法、守理、輕情，看來似乎過分冷峻嚴厲，但以保障大多數安分良民的結果而論，其仁慈的惻隱之心應該是顯而易見的。萬一見不及此，一切寬大縱容，就難免是「婦人之仁」了。

跋

你要認識一個民族的風俗習尚，由人民的服裝儀容、語言行爲所表現出來的文化特質，以及一個國家的社會秩序和國民的文化水平，你絕對無法找到比十字街頭更好的櫥窗。那裡的形形色色讓你一目了然一個國家的大略梗概，如果用心細膩一點，還可以深入理解一個民族的道德精神和文化心靈。

反過來說，如果有心徹底改造社會風氣，建立國民守法守紀的文明規範，十字路口也是最好的教練場所。眾目睽睽之下，效果立竿見影。可惜我們的行政似乎就是訂計劃、做宣傳、打報告，虛應故事浪費公帑竟然可以無愧於心。至於立法不周執法不嚴，早已相沿成習積重難返。

民國七十年三月二十七日，中副刊出我這篇文章，目的即在希望引起有關方面的重視或者注意，採取大刀闊斧的改進措施，把公權力的權威樹立起來，讓十字街頭井然有序，令社會大眾耳目一新。不幸將近二十年既往矣，交通號誌僅供參考依舊，交通秩序混亂如故。

而今舊文結集重刊，世風未改，人微言輕，並不期望能有甚麼影響。書生報國，但用此心而已。

名家廣場55

張培耕＝著

　　作者懷著對大自然的嚮往，對山川之美的熱愛，以登山者的堅忍不拔，探險者的勇敢無畏，攀登了台灣號稱八大名山的五嶽三尖，以及大陸的黃山廬山和五嶽。也曾通過海拔五千二百三十一公尺的唐古拉山口和崑崙山口，騎馬馳騁內蒙古一望無垠的大草原。

　　民國八十年年底，登上台灣五嶽之一的北大武山，當時可能是完成兩岸十嶽之旅的第一人。作者從翻山越嶺中考驗自己，從遊山玩水中探索人生，嚐試體驗天人合一的境界，並以文學的筆墨，哲學的深思，寫下他的見聞思感。內涵深刻雋永，深具啟發意義和教育價值。

以山為師

本書作者四十多歲才開始爬山，
共花了二十六年爬完大陸五嶽和臺灣五嶽三尖。
其間在八通關古道越嶺中途，因胃部穿孔幾乎葬身山野；
在南湖大山一次迷路，也是有驚無險。

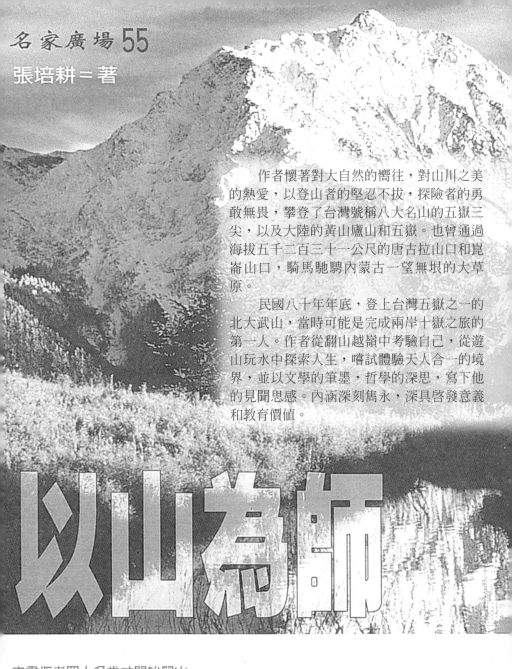

剎車不能失靈

我在《駕駛座上》文中，一再申述駕駛應該注的事項，例如對車輛的檢查保養甚至愛護，對路況及週邊環境的了解和掌控，不要跟別人賭氣競速或搶道爭先。疲勞或喝酒，絕對不開車。最重要的就是，剎車不能失靈。

有人把車輛開到港口的海裡，有人把車開到街旁的店裡，有人衝破柵欄開到路邊的田裡。交通事故最多的情況，是擦撞對撞，或是許多車輛撞成一團，叫做連環車禍。原因不外兩個，不是未能及時剎車，就是剎車已經失靈。

人生一如駕駛，而且是一條單行道，只能前進不得後退。有時踩足油門，積極奮鬥一往直前。有時要保持穩健，安全比速度更加重要。世路崎嶇，也很坎坷，最大的危險卻是誤入岐路不知迷途知返，最後不是毀了前途就是毀了生命。

這個時候，最好就是懸崖勒馬，以免愈陷愈深。懸崖勒馬就是停止前進，站住。才能好好的觀察，冷靜的思考，然後再做判斷採取行動。站住，就是審時度勢

立定腳跟，當機立斷及時剎車。

佛經有一個故事說：佛陀時代，聰明而又俊美的鴦崛摩羅，拜婆羅門的摩尼跋陀羅爲師，一心向道。老師的妻子羨慕他的英俊瀟灑，心中不禁燃起了情慾之火。一天老師因事外出，師母竟然誘惑學生成其好事。鴦崛摩羅以亂倫爲義理所不容，毅然加以拒絕。師母羞怯成怒，由愛生恨，隨即撕破衣服抓亂頭髮，於丈夫回家時哭鬧著說要自殺。摩尼跋陀羅問其所以，淫蕩的妻子竟指鴦崛摩羅企圖對她非禮。摩尼跋陀羅強抑心中的怒火，佯裝若無其事，對他的學生說：

「鴦崛摩羅，你跟隨我修道，我把所學都已傳授給你，現在，應該把得道升天的最後秘密告訴你了。但依教規，你必須先殺一百個人，並把他們的指頭串連起來掛在頸上，然後才能得到這個秘密。」

「可是老師，」鴦崛摩羅囁嚅著說：「殺人是犯法的行爲，一個修道者怎麼可以違犯法律呢？」

「眞是庸俗的愚癡之見，」老師一本正經的對他說：「只有被殺者的鮮血，才能洗淨你往昔的深重罪孽，難道你不想成爲一個悟道升天的婆羅門嗎？」

鴦崛摩羅求道心切，所以不敢違背師命，只有把心一橫，瘋狂似的見人就殺。

殺到九十九個，群眾聞風疾走，官兵派員緝捕，鴦崛摩羅只好躲在遠離人煙的深山裡，再也無人可殺。現在他唯一可以接近的人，就是每天爲他送飯的親生母親。

「爲了趕快得到這個秘密，」鴦崛摩羅自言自語：「我也只有殺我自己的母親了。」

慈悲的佛陀得到這個消息，立刻趕往山中。見到佛陀莊嚴無畏的向他走來，鴦崛摩羅眞是喜出望外。

「好了，」他對自己說：「總算不必殺我自己的母親了。」

於是鴦崛摩羅拔刀奔向佛陀。佛陀不慌不忙，從容轉身就走。不論快慢，兩者之間總是就差那麼一步。不追，只差一步豈不可惜；追吧，就差這麼一步著實惱人。鴦崛摩羅越追越氣，於是大喝一聲：

「站住！給我站住。」

佛陀立定腳跟，緩緩地轉過身來，莊嚴而慈祥的說：

「我是佛陀，我早就站住了。現在必須站住的，是你。」

鴦崛摩羅聞言忽有所悟，不知不覺地放下手中的兇器，跪在佛陀的膝下，情不自禁，痛哭懺悔。後來成爲佛陀的弟子之一，一個虔誠奉行教義的佛門淨者。

在一個自由民主的開放社會中，不論求名或求利，只要循正當途徑，用正常方法，憑藉智慧或辛勤的努力得之，加上又能善用其收穫與成果，回饋社會造福人群，非但沒有甚麼不對，且爲可貴可敬之事。一旦理想實現，個人固可出人頭地大展長才，兼可道濟天下利益眾生。

怕就怕和鴦崛摩羅一樣，追求目的過於熱衷，以致走火入魔誤入歧途，只講法律不問道德，以理性的工具達成反理性的目的，貪得無厭而又濫用所有，成了無韁之馬無舵之舟，類似剎車失靈的汽車。又像跑狗場中追逐電動兔子的賽犬，以幻爲眞執迷不悟，處危而不知其險，作惡而不知其非，大夢而不能自覺。更有甚者，顧盼自雄而不以爲恥，只因他的所作所爲一切「於法並無不合」。

古今中外，任何一種法律都有隙縫。可是法律之上有公道正義，規定之外有理性良知。中華民族重視道德良知更甚於法律綱紀，所以號稱禮義之邦。君子愼獨，要求不欺暗室。更進一層，則致良知以應天理，提升人道以合天道，那裡可以於法不犯即可爲非作歹！

而今西風東漸，多少逆流洶湧，多少濁浪排空。有人媚俗，有人哈外，其情其景不忍卒睹。芸芸眾生迫切所需，不是更大的權力和更多的財富；而是當頭一盆冷水，外加大喝一聲：

「站住！」

站住就是剎車，就是當行則行，當止則止。一切動靜、快慢、方向，都能有效的操之在我。用於爲人處世，也就是懸崖勒馬，適當的適可而止。

駕駛與人生

下◆人生篇

張培耕◎著

駕駛與人生

不管甚麼樣的道路，只要有人有車，它就也是一個人間世界，那裡就有善惡美醜正邪，有特權有黑道，有君子有小人，有安分守己與作奸犯科，當然也有法律和道德。在這樣一個狹長而又極爲複雜的世界裡，要能安然無恙平平安安回家，除了警覺性要高，駕駛技術當然要好。

駕駛技術不佳或操縱不當，容易發生交通事故，造成車毀人傷和生命與財產的損失。做人品德欠佳或情緒不穩，不能有效駕馭自己的思想觀念乃至言語行動，一旦方向失誤行爲失控，鑄成的錯誤可能就是一齣身敗名裂的人生悲劇。其嚴重的後果就遠遠超過車禍之上了。

駕駛汽車是技術，駕馭自己是學問。技術熟練精湛，爐火純青而後成爲藝術。學問廣博高深，圓融通達而後成爲智慧。由技進乎藝，由藝入乎道，技藝可以出神入化。學問通達，智慧圓融，人情練達洞明世事，就可以從心所欲而不逾矩。技術學問相輔相成，能把藝術與智慧合而爲一，人生的境界自然「海闊憑魚躍，天空任鳥飛。」

這些年來，我們目睹社會日趨混亂，黑金干政，少年犯罪，國會打架，乃至颱風地震無情風雨所暴露的人謀不臧，又有連串怪力亂神假冒宗教詐財騙色，加上相繼發生許多槍殺綁票重大刑案，繼大地無情的反撲之後，民心不安民情悲憤！亂象背後眞正的亂源，是大家唯利是圖無法無天。從駕駛的觀點看，會開車的人很多，但是行事衡情論理守禮行義，在道德規範之下能夠充分駕馭自己的人就不是很多了。

這些年來，我們失去了很多應該珍視和値得珍視的東西，包括茂密的山林，美麗的河川，尤其是人際之間的誠信和人情道義。被濫伐的不僅是山林，還有人們的精神；被污染的不僅是河川，還有大眾的心靈。很多原本敦厚善良的人，都在自私貪婪的旋渦中因污染而沈淪了。

大家一窩風熱衷於權力與財富的追求，有意無意疏忽了道德的原則和理性的堅持。歷史告訴我們，唯有奠基於精神文明和道德理性基礎之上的強盛才能長久。否則，一切繁榮富裕只是曇花一現。歌舞昇平偏安杭州的南宋是一例，繁榮強盛而腐敗的羅馬是另一例。財富固然可以改善民生造福人群，也能造成逸樂放縱促使社會面臨解體。

汽油經過燃燒膨脹形成動力，動力轉換成爲速度，猛力加速可以成爲衝力。因爲有動力、速度和衝力，帶來了運輸上的便利，也帶來意外的危險和交通事故。減少或防止事故的發生，技術上靠油門、剎車和方向盤，精神上靠道德素養和人生經驗。

人有七情六慾，偶爾的可能衝動或失去控制，人人在所難免。駕駛車輛所累積的技術和經驗，待人接物同樣可以參考運用。例如油門的有效控制，剎車的適時適度，方向盤的靈活穩健。其實，人本身有比車輛更爲精緻的油門，就是理性判斷；更爲有效的剎車，就是道德涵養；更爲靈敏的方向盤，就是高瞻遠矚的目光和智慧。

有了判斷能力和道德修養，以及預知未來的遠見和洞見後果的智慧，人對自我的駕馭應該是輕而易舉的。駕馭自己，就是對自我的言行動靜、進退取捨，有充分的主導權和控制權，不會言不由衷行不由己，不會在不適當的時間地點做不適當的事說不適當的話。自己能夠充分客觀而理性的決定自己：要過怎樣的生活，要做怎

樣的人。

做人如果能像開車一樣，知道如何加油，如何刹車；何時該進，何時該退；何處該轉，何處該停。作姦犯科之徒或許根本就不會有爲非作歹的意念，雖有犯罪傾向但在造成既成事實之前的那一瞬間，良心甦醒理性緊急刹車，遠見智慧的方向盤又把自己帶上正確的光明大道。

孟子說：「可以取，可以無取，無取義。」取也許合法；無取則合乎義理。儒家重視德行凌駕法治的觀念，溢於言表。做人固然應該有所爲有所不爲，開車走在路上又何獨不然。駕駛能夠謹守分際，不偏不倚，無過無不及，才能表現個人的文化素養和整個社會的進步文明。

多年開車的經驗使我覺得，人像極了一部汽車。反過來說，一部汽車的整體結構和功能也像極了一個人。把人生的智慧用於駕駛，觀察自然更加靈敏，判斷必然更加正確，對車輛的掌握操縱一定格外充分有效。把駕駛的要領用於人生，說話就會通過大腦，行動必經愼密思考，穩健沈著，自然不會魯莽唐突貽笑大方。

「習武歸道」是武林習武的最高境界。現代有人論證，科學的頂端和哲學的極致，最高原理彼此相通而合一。精神與物質，「形而上者謂之道，形而下者謂之器；」也只是一體之兩面。技藝同源，道通爲一。

站在更高的立足點以更寬廣的角度觀察，駕駛與人生，分之爲二，合之爲一。彼此相映成趣，相互爲用，相輔相成。

究其根本，人生就是駕駛，駕駛就是人生。

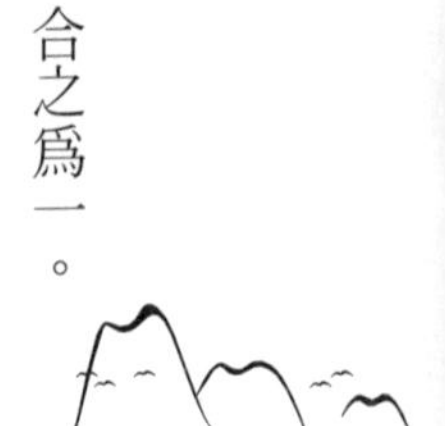

以水為鑑

宇宙之中，萬物並存，事理互攝，多采多姿。現代世界，異物奇事雜陳，更是五光十色。生命初啼，非叫即哭，因爲人生之路崎嶇，悲苦多於喜樂。在如此無奈的時空當中，人如何從悲苦中活出喜樂，從侷限中活出寬廣，從短暫中建造永恆不朽，正是生命的意義，也是人生的使命。

本書作者，以敏銳的心靈接觸世間的事理物象，一山一水，一草一木，無不深思熟慮觀察入微，並從理解和心得中擷取精華奧妙，化爲可以經世致用的人生哲理，以安頓人的心靈，提升人的精神，化生命苦酒爲人間佳釀。其用心之仁厚與用力之精進，固顯而易見也。

聞道於啞

一、前言

見了本文的題目，一定有人說我荒謬。蓋啞者有口難言，吃了黃連都說不出苦，你又如何從他聞道呢？韓愈在答陳生書中說：「足下求速化之術，乃以訪愈，是所謂借聽於聾，問道於盲。」韓文公博通經史，綜貫百家，爲文沉雄奧衍，文起八代之衰。所打比方，乃是自謙之詞。但其所述事實固爲眾所週知，其道理亦爲人心所同然。問道於盲，聞道於啞，事雖相異而理則相同：徒勞無功，行不通也。

雖然天地間的事理象數，有易與不易；易者爲變，不易者爲常。然而有時脫出常情常理的稀有例外，往往更加難能可貴，格外發人深省，甚至能把爲人的精神領域擴大，心靈境界提高。謹舉數例於後，聞道於啞爲其中之一。

二、借聽於聾

先說借聽於聾。幾乎無人不知，樂聖貝多芬是世界上最受崇敬的偉大音樂家，他所留給世人的偉大作品，其豐富、精湛、優美、崇高，已經傲視樂壇，可以永垂不朽。他的姓名和他的作品，在世界音樂史冊中成爲一個耀眼的里程碑。但在三十歲以後，他的雙耳就漸漸失聰，最後竟至完全成爲一個聾子。然而他依舊創作不輟，作品更加精益求精，幽怨、悲愴、雄壯、昂揚、低迴、溫馨、澎湃、盪漾的樂章，滔滔不絕地從他的心靈中傾瀉而出，使他的音樂事業到達登峰造極的巔峰。時至今日，我們所欣賞的若干百聽不厭千古不朽的樂章，包括九大交響曲中的一部份，都是貝氏在失聰以後的精心傑作。或進劇院，或聽唱片，或打開電視和收音機，我們所聆聽者如係貝氏後期之作品，這就是名副其實的借聽於聾。

貝氏終其一生，爲我們創造了優美華麗寬宏深遠的音聲，千變萬化的節奏，以及動人心弦的旋律，在我們的心湖中激起輕盈柔和的漣漪，多采多姿的浪花，澎湃激越的波濤。給我們帶來清新愉悅的情緒，浪漫奔放的熱情，虔敬剛正的信仰，高遠無垠的嚮往，以及追求至眞至善的道德勇氣。在一個失去理性平衡而又被嚴重污染的時代中，我們依然還能擁有一個天馬行空的聖潔世界。事實是，借聽於聾，一個雙耳失聰的聾子爲我們構建了這個寬廣高遠的美麗世界。

大多數人兩耳健全，當然不是聾子，其實也是聾子。無知偏激使他聽不到眞理，剛愎固執使他聽不進諍言，自以爲是使他聽不出是非曲直。最後聽得進去的，只有歌功頌德和阿諛讚美。聽得見，比聽不見更加糟糕。

另一方面，現代社會到處都是噪音，驚天動地震耳欲聾。除了車輛、機械、遊行示威、婚喪法會以外，飆車和現代流行音樂也是罪魁禍首之一。眞能保有清淨的耳根和靈敏的聽覺，已經成了稀有動物。大多數人，既聽不見也聽不懂人間眞正優美的音樂，當然更聽不到來自大自然的神韻天籟。

貝多芬是聾子，但他爲世人留下優美而又不朽的樂章。我們不是聾子，即使不能嘔心瀝血創造美，最少也要能夠正常的欣賞美。聆聽貝多芬的音樂，如果能夠得到這樣一個啓示，借聽於聾就有了更大的意義

三、問道於盲

多年以前，浪跡蘭陽平原，認識一位盲人按摩師，其人風趣而健談，除了指腕功夫十分不錯，他對社會新聞地方大事竟也瞭若指掌，所熟悉的背景資料尤其廣泛深入，其對是非之論斷與人物之月旦，相當客觀公正，十分中肯，較之一般明眼人實有過之而無不及。最奇突的，是他愛作觀光旅遊，所述本島各地名勝風光特色及行程路線，皆與實際相符。

「你去過墾丁嗎？」他問我。

「去過。」

「到過龍坑嗎？」

「沒有。」

「應該去一次，最好是天氣不好的日子去。」

「爲甚麼要天氣不好才去？」

「龍坑背山面海，天氣越是不好，越能顯示大自然的景色壯麗與氣勢磅礡。」

去年夏天，我再度遊覽墾丁，並經洽准參觀龍坑。嚮導徐小姐對我說：「今天天氣不佳，張先生您來得正好，您可以看到更爲壯麗的浪濤拍岸與動人心魄的自然景象奇觀。」

她的話使我想起宜蘭的那位盲人。由於生理學上的所謂「代償」作用，所以盲人的聽覺格外靈敏，而且能看。因爲眼盲，他們看不到花花世界的黑暗汙濁，看不到芸芸眾生的虛假醜陋以及人性的奸詐狡獪，受到的汙染引誘也就更低，被矇騙誤導的機會也就更少。不會像小孩子看電視，有樣學樣。因而能夠保持眞誠素樸，擁有更爲清淨的心地和靈明的心智。

由於這個世界五光十色，萬象雜呈，而「五色令人目盲」，明眼之人迷戀美色貪視無厭，目爲五色所迷，心爲名權利慾所惑，賓主易位，主宰頓失，所見不是欠全就是欠眞，有著太多太多的盲點。眞正應該洞明細察的，反而一片模糊，甚至視而不見，成了雙目炯炯有神的盲人瞎馬。

盲者失明，但是目盲心不盲。問道於盲，當然不是荒唐的笑談。

四、聞道於啞

聾子聽而不聞，瞎子視而不見，啞巴有口難言。與既聾又啞的人進行雙向溝通，一般而論，必然會有著更多的困難。

其實不然，最少也有例外。

我有一個同道好友，聾啞兼備，是以閒話不入其耳，廢話少出其口，是非難涉其身，省卻許多煩惱糾纏，乃能以更多的時間與更大的專注，致力於讀書寫作和打坐參禪。這就是禍福難料，失之東隅者收之桑榆。我們見面，照例合掌問訊，繼之握手微笑，眉目傳情，然後比手劃腳，裝腔作勢。猶有不足，只有坐下來做「小人」，動手不動口，紙上談兵。他更是一個奇人，無論做事、寫字、操琴，都是左右開弓，運作自如。其字體且蒼勁古拙，別具一格。

某年的夏秋之交，行路不慎摔了一跤，鄰家惡犬竟然模仿小人，乘機在我腳跟咬了一口。深感世道崎嶇，時運欠佳，不免滿腹辛酸，乃訪老友希望一吐爲快。

及至，猛然記起「行有不得，反求諸己」的古訓，又將屈辱挫敗置諸腦後，未置片言隻字。就坐用茶以後，吾友揮動左手，啓開交談之門。

「光臨，有何指教？」

「問禪而來。」

「禪，不落言詮，說即不是。」

「請示開悟之道。」

「悟，存乎一心。請反求諸己，弟無能爲力。」

吾友左手運筆，寫「禪」字先「單」而後「示」，寫「悟」字先「吾」而後「心」，這一字形的拆合程序，加上存乎一心與反求諸己之詞，使我頓見玄機，恍然大悟，當下聞道於一位啞者！

於是振袂起座，長揖而謝。

五、悟道於心

如果探幽析微，廣徵博引，談道，可以寫厚厚的一本書，而所論亦未必周全。但簡單的說，古西方哲人認爲，道即萬物變化之原理。東方哲人則認爲，道乃人生

全體之大用。道家重天道與自然，道乃形上之本體及其普遍且客觀的變化規律，所以「人法地，地法天，天法道，道法自然」。儒家重人道之應然，道爲理政、治事、待人、接物的一定之理，是人在道德方面的應守之道應行之路。對人守禮而誠信，對事守理而行義，即可不憂不惑不懼，有所爲有所不爲。佛家的涵義更廣更深，既是成佛之路，也是菩提勝境。凡人如能轉識成智，以大圓鏡智的般若慧光，如實而完全的了達自心，即可破煩惱，了生死，悟道成佛，而證究竟涅槃。

不過那是上根利智之人，一本大慈悲大願行，嚴守清規戒律，持恆眞參實修，而後或可證得的無上正覺。凡俗魯鈍的我，只望能在行解並重的修學路上，作盡其在我的認眞努力，但求自淨其心，端正言行，公義行事，誠信待人。最後如能落個隨緣自在，任運逍遙，也就於願已足，再無他求。

吾友興到神來，左手握筆先「單」後「示」，「禪，單純之呈現也」。單純就是無緣無慮無牽無掛，正是「一日塵盡光生，照破山河萬朵」。於是「於相無相，於念無念」，此悟道之情也。先「吾」後「心」，「悟，自心之明了也。」迷悟只是一線之隔，聖凡系於一念之差，只要反身而誠，明心見性，化愚昧的迷情爲明覺之定慧，於是「歸來手把梅花嗅，春在枝頭已十分」，此禪定之境也。

此番偶然之間，聞道於啞者，悟道於自心，出乎意料而又喜出望外。或許有人以爲此乃一種錯會的幻想，只見繩跡而並未得牛。但就人間佛教的意義與動亂之世的安身立命之道而言，天眞單純而無僞無邪的認知自心，豈不正是馬祖道一「平常心是道」之證取。如此看來，應該是雖不中亦不遠矣。

「一樣平常窗前月，纔有梅花便不同。」到底有何不同？唯有見者自知。其實，無門關不僅有門，而且法門常開，有緣之人，隨時可以登堂入室。

超越障礙

有人說人生如戲，有人說人生如夢。我卻以爲，人生實在更像參加一場運動大會。它能培養耐力，激發衝勁，鍛鍊堅忍。最重要的，它使人勇於面對挑戰，努力以赴，不怕困難克服困難，面對障礙超越障礙。

馬拉松

無論你有無特殊專長，也無論你有否報名或是否志願參加，事實是從你呱呱墜地開始，起跑的槍聲就響了。每一個人都置身於人生的田徑場上，說身不由己可以，說義無反顧也可以，總之我們必須一往直前，人生就是長途越野賽跑，而且是跑一輩子的馬拉松。說眞的，很累！

大致而論：出生是命，定之在天。如何走完你的生命旅程，是運，操之在我。

接受你的既定處境，是義務；創造你的未來遠景，是權利也是責任。由於每個人的機緣各有差異，所以各人的際遇也就大不相同，因而場地不一定理想，天氣不一定良好，規則不一定明確，裁判也不一定公平。但是無分晴雨寒暑，數十年如一日，每天都得上場比賽。就算你生病住院療養，你仍然得與病魔作一次生死對決。終點到達之際，正是生命落幕之時，這就是人生。

喘著氣、流著汗，甚到流著血與淚，面對接踵而來的種種挑戰，如疾病、困窘、坎坷、危險、委屈、挫敗，處處考驗你的生命力、意志力、戰鬥方、毅力和耐力。無力是弱者，畏懼是懦夫。不半途而廢，表現你的堅忍勇敢。不怨天尤人，表現你的器度恢弘。勇往邁進義無反顧，表現你的負責盡職知命知天。從天眞無邪起步，至剛毅正直休止，終於走完了該走的路，打完了該打的仗，雖然沒有甚麼彪炳勛業，但是回首前塵，竟然無愧、無憾、無悔、無恨，這是你所能爭取到的最輝煌的戰績和最光榮的精神錦標。

十項全能

芸芸眾生，大多數工作爲了生活，以手養嘴。如果生活爲了工作，以肉體支持心靈，這就更上一層樓，是人生理想的境界。眞正能在工作中樹立遠大目標，在生活中注入精神信仰與文化理念，這種人已經把工作與生活融爲一個有機整體。行健自強，處處都爲實現理想抱負；行住坐臥，時時都在提昇生活境界。生活之路就是證道之旅，人道一步步接近自然之道，最後甚至與之合而爲一。

生活也罷，工作也罷，往昔十分素樸而又單純。就算是競爭，跑得更快，跳得更高，擲得更遠，只要有一樣能出人頭地，你就可以享受勝利的成果，甚至接受群眾的歡呼。但是文明進步經濟發展以後，一切變得非常錯綜複雜。這種複雜過去使人沾沾自喜，現在則成爲人類緊張與頭疼的最大原因。活在今天，除了體力、衝力、彈力，你的記憶要好，反應要快，理解力要高，應變力要強，否則就難逃落伍、失敗，乃至被淘汰出局的悲慘命運。

舉例而言，如果你經常忘了鑰匙或開鎖密碼，你就會把文件鎖在櫃中，把自己鎖在門外，事情甚小，困擾很大。如果你警覺不夠，反應又慢，你會錯把扣人的吊索當領帶，套進去容易，解脫就很難，對方逐步收緊玩弄一番，最後一腳把你踢出跑道。如果理解能力遲鈍、應變能力不足那就更苦，進不能長袖善舞縱橫捭闔，退不能審時度勢，在弱肉強食的進化原理之下，不是忍受踐踏、侮辱與損害，只有變成爆炒魷魚，以作爲紂王陪慈禧談情下酒的一道好菜。

現代人失去了採樵的山林，耕種的田園，垂釣的池塘，擠在渾濁的人海中你推我擠，知音難覓，知心更難得，心懷敵意的競爭對手卻到處皆是。在人生的戰場之上，單項競賽已經成爲過去。

已往，只要能走路能動手、會說話會吃飯，你就可以好好的活下去。現在則必須具備專長，電腦與駕馭，外加一兩種外國語文。就算如此，有時一樣可能失業。

爲了接受考驗回應挑戰，我們所能做和必須做的，只有臥薪嚐膽，勤學苦練，也做一個全能選手。

接力賽跑

以生命的保存、延續、弘揚光大而言，人生正是一場繼往開來的接力賽跑。前面的人跑完了棒子交給你，你跑完了再把棒子交給別人。人停棒不停，薪盡火傳，生生不息，綿延不絕，生命成爲永恆燃燒的大火炬。

接力賽跑有三種：四百公尺、八百公尺、一千六百公尺。距離不分長短，都是四名選手平均分擔，各跑四分之一，而由一根右手接左手交的棒子貫串全程。徑賽項目都是追求最高速度，所以每一棒都能跑是基本要求。而交棒接棒之正確、快速、沒有失誤，則尤其重要。二者缺其一，必輸無疑。因此接力賽跑表現力、表現快、表現技巧，也表現訓練有素合作無間的團隊精神。

少年時代，曾經有過一百公尺十二秒正的紀錄，所以在讀書與教書的二十多年當中，有過很多機會參加接力賽跑，經驗不少，感想亦多，首棒與最後一棒我都跑過。更多的機會排在中間承先啓後，最痛苦的狀況，是棒子尚未到你手中已經遠遠落後，經過一番拚命衝刺急起直追，形勢雖然略現轉機，不幸後邊一代不如一代，大局已是回天無力，這時站在場邊看在眼裡，內心的失望是可以想像的。相反的，如果棒子到手已是一馬當先，既篤定又快意，爲保持領先並拉長差距，奮力奔馳跑完你的一程以後，居然看到後繼者有更爲傑出的表現，內心的快慰之情就眞正難以形容了，整體的健全與團隊的合作，對歷史性的事業是極爲重要的。

每一個人都生活在生活中、工作中、時代中、歷史中與文化中，人之可貴，在他能超越現狀，美化生活，改進工作，領導時代，開創歷史，傳承、提昇、弘揚他所屬的民族文化。一棒在手，繼往是你的責任，開來是神聖使命。奮進中如能高舉你的右手，把棒子化爲文化薪傳的聖火，你的生命不僅更爲高貴莊嚴，並將在民族的大生命中永恆不朽。

超越障礙

一般人之所以不免淪於沮喪，因爲他們事先總是假定並且希望：路是平坦的、事是順利的，人生是快樂的。一旦發現事實並非如此，立刻墜落失望與痛苦的深淵之中。佛門子弟相信一切皆苦，人生本空，結果苦中有樂，空中得有，他們反比平

常人更爲充實而又幸福。

在競爭激烈的人生跑道之上，只是全力以赴的跑上一段如接力，或者堅忍不拔的跑完全程如馬拉松，雖算盡職，尙嫌不足。是海就有波濤起伏，是路就有坎坷不平。水手的任務是征服浪濤，行者的責任是跨越崎嶇。如實而論，社會雖然十分熱鬧，但人是孤獨的。歷史上的英雄人物，多半都是孤軍奮戰終其一生。在寂寞中提昇自己，在孤獨中武裝自己，然後毅然踏上戰鬥之路，這就是勇者的人生。

就人生的戰鬥意義而言，軍隊訓練的障礙賽跑，堪稱是對生活實質最傳神的寫照。爲了生活以及生活中必須負起的諸多責任，包括工作和事業在內，在人生的沙場之上，每一個人都要負重、致遠、並超越前進路途中的重重障礙，然後才能到達勝利與成功的終點。正如一個參加武裝賽跑的士兵，既要全副武裝，戴著鋼盔、掛著水壺、揹著背包、握著步槍，還要跨過戰壕、水坑，越過土丘、木牆，走過獨木橋、爬過鐵絲網。想著都怕看著都累，更何況是眞跑。一場比賽下來，手肘、膝蓋、肩膀、足踝能夠絲毫無損者，那眞是奇蹟。

但是眞實人生的負擔更重，障礙更多，路程更長。俗話說，人心難測，世道艱難，天有不測風雲。所以「人生不如意事，十常八九。」辛酸苦澀，乃是生命之酒的原味。誰沒有在深夜的枕上掉過淚珠呢？

問題是人的兩隻眼睛總是向外看，所以只能看到外在的敵人和別人的缺點。追根究底，悲劇的主要因素乃是主角的性格。腐蝕我們理想的，摧毀我們意志的，瓦解我們信心的，並非我們的敵人，而是我們自己。

這些障礙之所以不易超越，因爲它們來自我們的內心，既不容易看到，也不容易想到。概略言之，它們是過多的慾望，過度的懶散，過分的自私，猶豫不決，剛愎自用，狂妄加上盲從。

有的人諱疾忌醫，根本不肯承認。如果我們有智慧看出這些弱點之在所難免，有足夠的毅力超越這些障礙，進而培養節制、勤勞、進取、公義、慈悲、果敢、自信、堅忍等相對的美德，一定可以避免跌倒的恥辱和失敗的悲慘。

作爲一個堅忍的勇者，面對一切橫逆險阻，能不跌倒就是成功，能不失敗就是勝利。跌倒了有力量爬起來，失敗了有勇氣東山再起，更是人生最大的光榮。

慎防陷阱

在人生旅途漫長的數十年中，不可能沒有艱難困苦，不可能沒有險阻艱難。世道崎嶇，人心難測，最危險最可怕的，乃是陷阱。慎防陷阱，十分重要。

地上挖個深坑不算陷阱，即使那坑中埋著利刃，也不是陷阱。一望而知有一個坑，連野獸也不會貿然的跳進去，更何況是人。坑上必須有僞裝的平坦地面（如虛置一些樹枝、麥桿、稻草之類上面加鋪一層泥土），而在坑底倒豎著可以置人於死或傷的刀戟，這就是一個典型的陷阱。所以假的地面，眞的深坑、暗器三者，爲陷阱的主體建設，或稱硬體。另有兩項週邊設施，或稱軟體亦很重要，一是使人轉移注意力或鬆懈戒備的佈置與花招，一是引人注目誘人上鉤的釣餌。這五項都具備了，你可以申請正字標記，因爲你的陷阱是一個標準的陷阱。在設計上掌握了人性與獸性的弱點，製造與商業運轉方面也都能對準所有動物的要害。如果有人推荐，兩者應該皆可得獎。

辭海解釋陷阱：「穿地爲坎，豎鋒刃其中以陷獸也。」問題是現在政府全面禁獵，以保護即將被人趕盡殺絕的野生動物，加上大家擠在大城市中享受現代文明生活，地面不是柏油就是水泥，實無地可以穿之爲坎，亦無獸可以陷之爲食。雖然我出生於一個佛教家庭，而且一向擁護人性本善之說。但我不得不痛苦的承認，世間大多數人都是吃肉的。不論吃的是什麼肉，吃者都是面無愧色而心無歉意，覺得理所當然。由此可見，人類雖然已由茹毛飲血進步到錦衣玉食，但設陷捕獸爲食的殘忍根性並未盡除。本省到處都有山產飯店，珍禽異獸標本也公然陳列售賣，恆春的烤鳥更是名聞遐邇，震驚中外，足以證明文明人不一定眞正文明。陷阱是極其古老的發明，狩獵是非常刺激的遊戲，人們似乎不能也不願把它忘記。

但是現代都會之中，不僅無獸可捕，連畜養寵物也要給予「人道」待遇，否則動物保護團體會提出抗議甚至告你一狀，說你虐待動物，在一個眞正文明進步的國度，這是一項嚴重而可恥的指控。至於持槍入山狩獵，早已明令禁上在案。但人聰明得很，對於玩法弄權具有天賦之異稟，加上拜科技進步與經濟成長之賜，陷阱不

僅可以繼續存在而且大行其道，硬體建設固然改進創新十分考究，軟體技術九彎十八拐，也化陽謀爲陰謀，無懈可擊，令人嘆爲觀止。文明外衣底下的野蠻本性終於有了新的宣洩管道——同類相殘？整人爲快樂之本。反正，人類遠古的祖先是獸，現代人的心性中也有殘存的獸性，由人設陷阱害之，也只是以時裝作歷史古劇之重演，洪荒時代群獸相爭之局面的現代化而已。

最使古代獵人大惑不解者，他們從前捕捉野獸，爲的是飲血解渴，吃肉充飢，剝皮爲衣遮羞禦寒，爲了求生存，不得不爾也。現代人的動機可是洋洋大觀，奇哉絕哉，非常之複雜。固有爲經濟犯罪者、政治圈套者、爭情奪愛者、統戰陰謀者、恩怨復仇者。但也有一種人，竟然並無具體企圖，其所以設陷阱害人，目的只是看人落坎受苦，他的心裡上會有一種奇異的欣慰感，彷彿打了一針速賜康。這種以別人之痛苦爲自己之快樂的精神毛病，似可命名爲「尼羅皇帝症候群」。尼羅高坐帝王寶座之上，觀看圓形劇場中的人獅決鬥，只爲了證明他有如此權力，使他心理上的病態好奇獲得片刻之滿足。有這樣的皇帝，羅馬焉能不亡。

論體力，現代人實已不如從前，但聰明狡詐，則勝過古人多多。以陷阱爲例，種類之繁複、設計之巧妙、構造之精美，古代簡單粗糙的陷阱實在無法相比。至於功能之發揮，也以組織化的運用企業化的經營，針對人貪求無厭的弱點，對準人愛財好色的要害，使人情不自禁而甘心落網，進而成爲幫兇，於是乎設下陷阱欺騙詐財，即使時間長達十年，地跨國內海外，也能照既定計劃順理成章。小如金光黨仙人跳，大如機場公然偷渡、經濟掠奪犯罪，都是賺錢既快又多的新興行業。雖然風險很大，但是世風日下，許多人對身敗名裂已經不痛不癢。

不錯，戴手銬出庭受審很難看，監獄生活的滋味也很不好受。然而投資很小而利潤極大，甚至一本萬利，所以前仆後繼，不計後果放手一搏者大有人在。不僅大公司、大財團、名人之後、將門之子不以破產犯罪潛逃爲恥，更有許多年輕人開口就是「有錢就好」。這影響之惡之大之深遠，實已不能等閒視之，否則恐怕眞的會動搖國本。

淮南子兵略篇說：「虎豹之動，不入陷阱。」所以作戰必須允文允武有勇有謀，才能立於不敗之地。不入陷阱有兩個條件，一是智足以愼思明辨，洞燭機先，對於僞裝與陷阱，看得一清二楚，了然於胸。一是勇足以剛毅果斷有爲有守，面對人情、誘惑、壓力，進退行止早有定見。以下再略舉數例，幫助大家認識變形、化裝、美容過的陷阱，希望你能提高警覺，愼之戒之！如果陷阱失效失靈，人人不中

這個圈套，幹這種黑事的人就會白費心機，甚至偷雞不著蝕把米。既然無利可圖，慢慢的自然就會洗手歇業。一旦設陷阱害人成爲冷門行當，一個清潔光明、正義公道的社會就來臨了。

愛錢，可以說是人類共同的弱點，即連已經擁有地位與財富者亦難例外。所以金錢萬能，成爲最普遍而又最靈光的一個陷阱。只要有錢或者善用金錢之魔力，沒有關節是打不通的，向銀行貸款如探囊取物，即連詐騙、倒債、偷渡，甚至坐牢都比別人方便，這就是「有錢能使鬼推磨」。

另一古諺又說：「人爲財死，鳥爲食亡。」一旦東窗事發，人格破產矣，名譽掃地矣，就算僥倖沒有坐牢，走在街上也只是一具活動的行屍走肉。所以沒有原則沒有分寸的過度貪財，結局必然是一個悲劇。在一個無錢寸步難行的工商社會中，勸人信奉視金錢如毒酒的哲學，未免陳義過高，必然曲高和寡。但是堅持公事公辦，君子愛財取之有道，應當可行。孟子的要求嚴一點，他說：「可以取，可以無取，無取義。」面對金錢的強力誘惑，能三復斯言，見利而思義者，有福了。

美女，對大部分健康的男人而言，更是一個無限誘人的美麗陷阱。因爲美麗，所以格外可怕。詩經國風周南：「窈窕淑女，君子好逑。」英雄難過美人關，古今中外皆然也。歷史所記，戲劇所演，如羅馬之安東尼與埃及艷后克麗奧派屈拉，如三國時代之董卓、呂布與貂嬋，再如近代之張少帥與愛德華第八，都有「不愛江山愛美人」的艷史佳話。任何英雄豪傑勇猛好漢，高逸文士尊貴帝王，只要美人嫣然一笑，將羅裙輕輕地撩起一半，則鮮有不俯首稱臣拜倒於石榴裙下的。

第二次世界大戰期間，攻勢最凌厲最深入的，不是裝甲師團、不是戰略空軍，而是粉紅色的炸戰——美麗的女間諜。如果閣下位尊而又多金，卻與柳下惠先生一樣，可以坐懷不亂、性趣缺缺，我勸你不必急急去找泌尿科醫生。這正是「賽翁失馬，焉知非福」。蓋女人固不一定是禍水，也不一定不是禍水。縱欲容易傷身，好色容易中計。等到「陰溝」裡翻船，後悔就太遲了！

美言，順耳又稱心，但有時也是陷阱。古人說：「贈人以言，重若珠玉；傷人以語，甚爲刀戟。」又說：「美言一句，溫暖三冬。」現代人談說話藝術，講公共關係，莫不肯定良言美辭對增進人際關係的重要。語言爲有聲之思想，而思想形成人的性格。怎樣的思想成爲怎樣的人，怎樣的人說怎樣的話。言語之道，大有文章，不可不慎也。「修辭立其誠」，做人與說話，皆以眞誠爲上。如果落於虛假，善不可敬，美不可愛。一切好的東西，只有眞的才可貴。

美言出於虛情假意，既爲「巧言令色鮮矣仁」，也是拍賣的廉價商品，更可能正是一個陷阱。目的不外是套取你的好感與信任，然後不知不覺地把你賣掉。或則探測你的見解或隱私，斷章取義以後就可以成爲有價值的情報資料。人人愛聽甚至嗜聽美言，高帽子也是人人愛戴的。但是記住，並請愼防：美言可能有詐，笑裡可能藏刀。

道義，本是一種極其難得而又非常高貴的情操。太史公游俠列傳：「今游俠其行雖不軌於正義，然其言必信，其行必果，已諾必誠，不愛其軀，赴士之阨困，既已存亡死生矣。」言下實多讚美之意。古之游俠，如聶政之爲嚴仲子刺殺韓隗，荊軻之爲太子丹刺殺秦王，他們不僅長於武藝，勇不畏死，那種一諾千金爲民除害的俠情義膽，千載以下猶令人肅然起敬而又心嚮往之。

時下所謂道義，很多僞裝仿冒，連說者亦不確知其眞義所在。眞正需要道義的緊要時刻，幫派人物拔槍火併，商場人物捲款潛逃，政壇人物爭功諉過，朋友可以殺掉，同事可以出賣，父執長輩妻子兒女亦可置之不顧。如此淺薄、虛假、貧血的道義，不僅江湖，簡直就是漿糊，根本有辱道義之名。正如仿冒的朗臣打火機與勞力士手錶，實在一文不值。這種道義有百害而無一利，有時也是一個陷阱。既然人心不古，人情澆薄，而今最好的生存之道乃是：自力更生，自求多福。

國父中山先生說：「吾心信其可行，則移山塡海之難，終有成功之日；吾心信其不可行，則反掌折枝之易，亦無收效之期也。」信心，是生命力的泉源，戰鬥力的主體，成功的根本基礎。但是自信如果過度膨脹又不合理，就成爲法國製的戰鬥機，一種幻象而已。

自信與幻象相接合，必然違情悖理倒行逆施而自以爲是，海市蜃樓虛無縹渺而自以爲眞。明白說吧，這種自信來自權力情結，思想專斷與浪漫主義的混合交融，乃是狂熱、頑固、自我陶醉加上剛愎自用。最可笑而又諷刺的是，其他陷阱都是別人張網設餌引誘你中計上鉤。唯有狂妄自信這個陷阱，卻是顧盼自雄地自己跳進自己掘的坑中。縱觀全部進展歷程，局外人看得清清楚楚，實際是打著自信的旗子自己爲自己挖一個墳墓。墳墓，當然是一個陷阱。

由古代的鄉野山林發展到現代的城市都會，經過教育學術的研究發展，工商科技的改良創新，陷阱之質量變化極爲驚人，品類之雜型式之奇，如果廣爲搜羅，可以舉行一個世界性的大博覽會。我之所以只舉五例，因爲我充分信任讀者諸君舉一反三的想像力。只要你有敏銳的洞察力和高度的警覺性，立刻可以看透你的週遭可

能存在的種種陷阱。一經拆穿，陷阱就只是一個坑，它的恐怖性與危險性就消失殆盡，居心可誅的幕後人物也原形畢露地成爲一個醜陋的小丑。

古人居心溫柔敦厚，總是勸人行善助人。但也深知惡人之難以盡除，所以又常說：「欺人之心不可有，防人之心不可無。」對四週患有「尼羅皇帝症候群」的狂人而言，你的安然無恙使他痛苦，你的屹立不搖使他失望。正人君人，不必以暴易暴；但防禦是你的權利，而兵略家說，防禦就是進攻。

人生經濟學

人活著，不僅要工作要生活，有些人還要探究生命有何意義？人生有何價值？人應該以怎樣的態度面對人生？於是乃有人生哲學。

其實有些學科，若能跳出傳統的框架和窠臼，更深入的去思考，更精微的去探究，似乎是讓你「在一間沒有黑貓沒有光線的黑屋裡抓黑貓」，結果竟然意外地抓到了一隻貓。它也許沒有哲學那麼深奧虛玄，但它很可能發揮了比哲學更哲學的效用，使工作更爲深刻，生活更加札實，也使人生更有價値更有意義。人生經濟學就是一個嚐試。

爲了生存、發展和種族綿延，人類必須經營經濟生活。消費是生存的基本條件，所以又必須從事生產以滿足消費。介於生產消費之間，更有交換分配，因而出現交通管理與商業經營。經營有盈有虧，乃運用數學以計算之。僅就經濟條件與普通社會層次而言，人生是經濟的，是農工商業的，也是數學的。

人生從兩手空空而來，然後從無到有，從有到多到富，最後又雙手空空而去。以數學形式說，就是從零到一，從一到多，最後又回歸於零。生命，以來自然開始，以還諸天地告終。芸芸眾生，無論王侯將相販夫走卒，不分貧富貴賤，其過程大致類似，其終局則完全相同。李白說：「天地者人生之逆旅，光陰者百代之過客。」人生又是很哲學的。

很多人，研究經濟是學者，經營管理是專家，數學程度更是精打細算高人一等。有些人專心一志深入其中，成爲該學門或該行業的佼佼者。可惜沒有宏觀巨識以形成天馬行空的氣概，以致不能出乎其外超乎其上，是以在人生規劃上，生活經營上，竟然大而無當華而不實，及至終局核實計算，整個生命有如一堆泡沫，虛幻不實虧而不盈。回首前塵，難免悔不當初。可惜覺悟大多數都是遲來的智慧，知道懊悔已經爲時已晚。

貧窮與無知，固然是一種悲哀。倘若富而不貴，貴而不雅，甚且流於庸俗粗陋，即使集大權富貴於一身，又何嘗不是一種悲哀。求學問，有知之者，有好之者，有樂之者。受教育，可以爲求知，可以爲立言，可以爲立功，也可以爲立德。而加減乘除，可以爲己，可以爲人，可以爲私，可以爲公。經營管理，可以是科學，可以是藝術，也可以是哲學。這其中，確實是一門大有研究的大學問。

俗話說，玩命的生意有人幹，賠本的生意沒人做。經商以求致富，現在叫做創造利潤，天經地義，並無不妥。只是財富要能善加利用，利潤要與社會共享，才是有理想的經營，有格調的商人。如果不擇手段賺錢，目的就是爲了賺錢，既沒有用錢的智慧，又沒有布施的慈悲，從前稱之爲貪婪慳吝，現在叫做把手段當成目的。前者是一種心理病態，後者則是理想的迷失。無論是守財奴或賺錢狂，都是相當可鄙而又堪憐的醜陋人物。

終究人爲萬物之靈，至少還有一部分人，不願遭人鄙視憐憫，更不願毫無意義的走完生命全程。他們知道並且相信，衣食住行不是目的，眞正的目的是人生的責任和理想。對人而言，經濟條件只有在爲人生目標服務的前提下，物質生活才不是毫無意義的資源消耗。因此有人，只要一息尚存，就自強不息力爭上游。目的只有一個：生命要有尊嚴，人生要有意義。

在生命的過程中，選擇生存的方式與維護生存是同樣的重要，擁有理想則比擁有財富更加可貴，道德人格比權力威勢更爲崇高。生理的物質需求固然不該也不可壓抑，心理的需求與精神的境界同樣不能忽視。人之所以爲人，人之所以稱爲萬物

之靈長，就因爲人類的性靈作用有讓人成聖成神的可能。堅持人生要有理想，生命要有境界，生活要有意義。實在是做人的基本責任。

在一個大家競相爭逐金錢權力與瘋狂追求物慾享樂的潮流中，人性之沈淪與人心之迷失，幾乎是無可避免的大勢所趨。在這樣的處境中，你可以隨波逐流，把數學、商業、經濟學當作科學，做最實際最有利的運用。也可以與眾不同，予以美化使其成爲藝術，提升境界使其成爲哲學。於是，精打細算謀利賺錢的本領，經過超越的質變，乃成爲經天濟人經世濟眾的大學問。

如果你是你的主人，請記住：你有判斷的能力，更有選擇的權利。從理論上說，你想有怎樣的生活，你就可以擁有怎樣的生活；你想做怎樣的人，你就可以成爲怎樣的人。這就是孔子說的：「吾欲仁，斯仁至矣。」

美的生活

活得富而且貴，不如活得美。即使清貧簡樸一點，美的生活也能讓人活得優雅安適，自由自在；讓生命像一幅有色彩的畫，人生像一首有意境的詩，生活像一首有旋律有節奏的歌。

有人說人生如戲，有人說浮生若夢。百年人生轉眼即逝，榮華富貴及身而止；生死禍福窮通順逆，更是難以預測無法掌握。人們全身赤裸來到人間，兩手空空揮別這個世界，如戲如夢如旅，似乎言之成理。但是事實告訴我們，餓了需要進食，冷時需要穿衣，用手掐掐身體也會感覺疼痛。人生，依然是一個不能也無法否定的現實存在。

眞實的生命要活得眞實，也要活得心安理得俯仰無愧，更要活得美。眞善美三者兼備，是生活的飽滿，人生的充實，生命的燦爛。高級的住宅掛幾幅畫，優雅的書房插幾朵花，每天朗誦幾首詩詞歌賦，欣賞一點古典音樂，高級會更爲高貴，優

雅也更爲典雅。這就是：「一樣平常窗前月，纔有梅花便不同。」

在貧窮的社會裡，生存是最重要也是最基本的權利，第一要務就是追求小康乃至富裕。及至社會達到小康甚至富裕的水平，如果毫無節制的繼續追求享受沈迷逸樂，就流於粗俗低級，不是一個歷史悠久文明古老的國家所應有的社會現象。相反的，如果多數人都能追求美的人生，經營美的生活，就顯現出這個民族高度的文化素質和藝術涵養。

要過美的生活，要有美的人生，就必須具有一顆美的心靈。美的心靈就是懂得審美的心靈，它渴望美，追求美，欣賞美，也創造美。審美是一種特殊的經驗，美學上稱之爲美感經驗，這種經驗必須脫淨意志慾念和抽象思考的心理活動，直接訴之於形象的直覺。美感態度是無所爲而爲的形相的觀賞，既不帶佔有慾，也不要求實用。

朱光潛先生在他的「談美」一書中曾舉松樹爲例，說明感官知覺不可能完全客觀，每個人所見到的物相多少都會帶有主觀色彩。假如一個木材商人，一位植物學家和一位美術家同時見到一棵古松，雖然大家見到的是同一棵樹，但是三個人所「知覺」的卻是三種不同的東西。

商人以營利心態，他所見到的是樹的大小、品質、材積，可以製成多少產品能夠賺多少錢。植物學家以學術心習，他所見到的是樹的種系類科學門，乃至它的樹齡。藝術家甚麼都不管，祇管審美，他看到的只是一棵孤立絕緣的蒼勁古松，一種大丈夫的昂然挺拔，一種士君子的高風亮節。因爲不帶意志慾念，所以不同於商人的實用態度；由於不用抽象思考，所以不同於學者的科學態度。

地球是一個非常美麗的星球，世界上也充滿許許多多美的事物。藍天白雲，青山綠水，天空有日月星辰，大地有碧草紅花，朝有旭日，晚有煙霞，可謂美不勝收。假若缺少一顆審美的心靈，一切都將視而不見。如果具有審美的心靈和審美的眼光，即使面對頹垣殘壁荒煙蔓草，也能從中感受到一種蒼涼淒楚的美感，令人超越時空神馳太虛。

人之異於其他禽獸，心臟以外人類還有一顆心靈當家作主。心思決定人們的觀念、行爲、習慣、性格乃至命運。要有美的生活，必須先有美的心靈。藝術反映人生，人生就是藝術。中國繪畫到宋代以後，人物愈小境界愈高，顯示自然就是一種美；色彩愈淡畫面愈美，表現簡樸又是一種美。塑膠花永遠不能取代鮮花，眞就是美。子女的心目中沒有醜陋的慈母，愛就是美，善就是美。美的心靈就是自然簡

樸，就是心中有愛，就是居心眞誠，就是和善、寬大、包容。

以美的心靈主宰溫文儒雅、謙恭禮讓的善行，做眞誠不欺、無僞無詐的眞人，就是眞善美的人生。此外，健康活潑是身體的美，快樂自信是心理的美，才智過人慾望有限是智慧的美，抱樸守拙自得其樂是生活的美，嚴謹自律寬厚待人是道德的美。五美兼備，過的是美的生活，有的是美的人生。

生命到達此一境界，應該心滿意足，夫復何求！

語默動靜之道

一、序

老子的老師長弘即將去世，門下弟子圍繞在他身邊問道：

「老師，請你告訴我們，甚麼是道？」

長弘嘴巴一張，沒有說話。長弘很老，牙齒已經全部掉光，學生們甚麼沒有聽到，甚麼也沒有看到。弟子們不明就裡，所以再問一遍：

「老師，請你指示我們，甚麼是道？」

長弘依然沒有說話，再一次張開嘴巴，並勉力伸出他的舌頭。弟子們仍然莫名其妙，不知其所以然。但老子終於明白老師的宗旨：牙齒尖銳，舌頭軟弱，兩者不幸相碰，舌頭必然皮破血流。但是年長歲久之後，牙齒脫落精光，而舌頭依然故我。所以老子寫道德經，「守柔曰強」與「柔弱勝剛強」的思想貫串全書，明言

「天下之至柔，馳騁天下之至堅」。反過來說，「堅則毀矣，銳則挫矣。」老莊守柔用弱，反樸歸眞的哲學思想，自是一種境界極高的爲人應世之道。

人的嘴巴既能顯示形而上的道理，也能產生形而下的作用，一是用它吃飯，二是用它說話。可惜眞正懂得飲食之道的人固然不多，眞正會說話的人就更加難得。古人說：君子動口，小人動手。其實說話傷人的小人比動手打人的小人更多，動口的未必就是君子。

語言固然可以表達思想，闡發智慧，宣揚眞理；同樣也能誤導觀念，散佈迷信邪說，傳播流言是非。惡語傷人，鋒利如刀；好言讚美，溫暖如春。但是日常所見，當面交談或背後議論，往往惡言惡語脫口而出，良言美語吝若黃金。充分顯現人心不古，世風江河日下。

古人說：「一言可以興邦，一言可以喪邦。」又說：「贈人以言，貴若珠玉；傷人以語，甚如刀戟。」語言和運用語言的能力，其重要可想而知。口若懸河雄辯滔滔，固然是一種卓越能力，但是說話適時適度適可而止，有時保持沈默一語不發，更是一種超人的智慧。

嘴巴之動靜、語默、繁簡、多寡，一如舌頭與牙齒之剛柔與強弱，其中亦有大道存焉。

二、說話的藝術

說話要能得體而合宜，簡單扼要深入淺出，理性中肯又有感情，並不容易。最先要注意的，就是：不要在不適當的場合，不適當的時間，對不適當的人，說不適當的話。俗話說「一句話使人笑，一句話使人跳。」說話很重要，選對說話的時間、地點和對象，更重要。

說話時，用詞要簡潔精確，層次分明，概念清晰，推理正確週延，論事客觀公正，這些都是表達意思的基本條件。如果缺乏這些，最好的辦法就是沈默寡言。能夠藏拙，也是一種智慧。

口才是可以培養的。首先，要有相當程度的理則學訓練，以免敘事論理易犯邏輯上的謬誤。其次要懂語意學，不要把不明確的語詞當做明確的語詞使用，詞意含混不僅容易引起誤會，更可能遺人話柄貽笑大方。第三，多用良言美詞，少用劣語髒話，多肯定讚美，少指摘譏諷。「理直氣和，義正辭婉」，較之「理直氣壯，義

正辭嚴」，更能令人折服。第四，用字遣詞造句，要精確妥貼，要有創意，要能引發聯想，切忌陳腔濫調俗不可耐；語調運用要有情趣，高低快慢要有變化。最後，要富同情心，要有幽默感，加上人情練達世事洞明，必能談笑風生收放自如。說話能到這個境地，技巧也就成爲藝術了。

談話，有的人開門見山一目了然，有的人迂迴曲折拐彎抹角，有的話中有話弦外有音，有的旁敲側擊正言若反，儘管風格各異，但是他們必然都有一個目的，讓你同意、贊成或者上鉤。做人固然應該溫柔敦厚，但是保持警覺堅持立場還是必須的。同時要能因時、因地、因人、因事制宜，冷靜沈著，大方自然，隨機應變，掌握主動。

能夠做到這些，即使不是口若懸河，至少也是能說善道，算是懂得甚麼是說話的藝術。

三、言多必失　寡言爲上

言語之道，第一步就是學習怎樣說話。把話說得清楚明白，流暢通達，這是基本要求。能以高度的表達能力，言之有物而又言之成理，既動人又感人，這就更上一層樓。如果不鳴則已，一鳴驚人；談笑風生，口若懸河；旁徵博引不離主旨，千變萬化總在題內。這是技巧，也是藝術。

但是第二步更重要，那就是學習寡言。會說話或者學會了說話的人，通常都有一個共同的毛病，愛說話而話又太多。經常口沒遮攔滔滔不絕，不愼失言自是難免，很可能傷了他人的感情，更可能爲自己帶來困擾和災禍。不幸而有如此結果，起先不說豈不更好。所以古人說：「無聲有時勝有聲。」

做人應該謹言愼行，說話太多不僅無益，而且多半有害。如果口沫橫飛旁若無人，那就更加令人厭煩不耐。平交道旁的「停、聽、看」三個字，實在是說話最好的座右銘，也是說話高明的上等功夫。能說善道是才智，言之有物是學問。能停，是風度；能聽，是修養；能看是專注，且能瞭然全局掌握形勢。此外，更應能想，說話是輸出，聽話是輸入，總要通過大腦經過思慮，才能穩健深沈。說話能夠「停、聽、看、想」，就不會魯莽失禮言不及義，更不會語無倫次貽笑大方。

古語說：「爲政不在多言，言多必失。」又說：「夫人不言，言必有中。」要能言必有中，最好就是寡言；多聽少說，多用腦少用嘴。在時機上如果非說不可，

必須深思熟慮成竹在胸，先打一個腹稿，然後言簡意賅要言不繁，有重點有層次的陳述出來，一定是「雖不中，亦不遠矣。」

當一個人處境不順，心情不好，或情緒不穩，這個時候最好緊閉嘴巴不要說話。只要堅忍寡言，自然可以撥雲見日否極泰來。寡言不僅是一種美德，一種智慧，更是處理問題的上上之策。

四、雄辯是銀　沉默是金

在今天這個時代，無論從事何種行業，能言善辯，既是成功的重要因素，也是必備的基本條件。然而天下事必須無過無不及，才能利多弊少，發揮最大的功效。世界上的動物唯有人類具備語言能力，以此表示思想傳達感情，乃使人類成爲萬物之靈。但是有史以來，因爲濫用或誤用語言，形成許多感情的甚至歷史的悲劇。語言固然是一種工具，同時也是一種障礙，一團迷霧，一把雙面的利刃。

所以老子說：「聖人處無爲之事，行不言之教。」又說：「不爭而善勝，不言而善應。」孔子也說：「巧言令色鮮仁，剛毅木訥近仁。」顯而易見，他們都不贊成多言好辯。禪宗主張「以心印心，不立文字；言語道斷，心行處滅。」堅持「說即不是。」不著一字反而盡得風流。禪宗的公案、對話、語錄、詩偈，都是長話短說精簡至極，自有其哲理上的依據與傳授上的特殊功能。

諺語說：「病從口入，禍從口出。」古人又說：「一言既出，駟馬難追。」言語之道，豈可不愼。古諺又說：「不辯止謗，不爭息怨。」不辯不爭，較之爭辯更有力量。西諺也說：「雄辯是銀，沈默是金。」事實上，言談論說以外，儀態、行爲、品德、威望，無一不是語言，而且更加具體有力。由此可以得一結論：能言善辯，才也、智也、技也。因時、因地、因人、因事制宜，收放自如，進退有據，進乎藝矣。動靜隨心，語默自如，則又入於道矣。言語的掌握運用，論辯的進退攻守，至此已經爐火純青出神入化。

五、好辯者戒

懂得一點說話技巧的人，往往都有一個嚴重的缺點，一是話多，二是好辯。話多就是嚕嗦嘮叨，好辯就是喜歡抬槓。有人說：眞理愈辨愈明，實在是天眞的一廂

情願。如果相信天下事都有一個最後的絕對眞理，又是一廂情願的天眞。事實上，事有難說者，理有難明者，情有難解者；加上辯者雙方的立場、角度、層次不同，察事析理的觀點與結論自然大異其趣。在這種情形之下進行辯論，兩人走的是火車軌道，即使從基隆辯到高雄，最後還是各走各的路，各說各的話，很難獲得雙方一致同意的結論。

時下常見的各種辯論多半不值識者一笑。上焉者，遠離眞假、善惡、對錯之爭，一味強詞奪理，成爲謊言蠻理交織的詭辯。中焉者，各持己見，公說公有理，婆說婆有理，既不讓步也不妥協。下焉者，不講道理不論是非，不比見解高低，不論形式對錯，全憑聲音之大態度之狠，或仗體型之魁梧（如駕駛人吵架），或恃言論免責權（如民代之質詢）。想從辯論中領略當事者的學識風度與語言技巧，眞是戛戛乎其難矣哉！

對此老子極有遠見，二千年前他就看出人類致命的弱點，除了好強好爭，還有好辯。所以道德經說：「知者不言，言者不知。」又說：「大直若屈，大巧若拙，大辯若訥。」更說：「善者不辯，辯者不善。」辯論的好處很少而壞處很多，而且大半難有圓滿的結局。

很多人以爲與長官據理力爭，是表示自己的正直與忠誠，眞是大錯特錯；世界上即使眞有這種開明睿智的長官，恐怕也是寥若晨星。歷史上忠心報國直言極諫的大臣，很少能夠全身而退壽終正寢。因爲有唐太宗，魏徵可能是唯一的例外。不要與朋友爭辯，可能傷了感情失去友誼。不要與妻子爭辯，不但有傷和氣，而且可能因此失去閨房之樂。不要與子女或晚輩爭辯，贏是應該，輸是笑柄，永遠「立於必敗之地」。

現代人趨炎附勢急功近利，不講理的人越來越多，懂道理論是非的人越來越少，不辯不爭乃爲上上之策。再說，經常堅持己見，證明你剛愎自用；經常好辯，證明你所知不多。除非眞有一個當仁不讓的主題和義不容辭的立場，否則，不如表現一點涵養和風度，不辯也罷。

轉即是路

小序

鑽木取火，帶來光與熱，爲人類的文明揭開序幕。輪子的發明，能轉就能動，更把人類的文明向前推進了一大步。能轉，轉得婉轉，轉得圓融，生命可以更加安全更有意義，人生可以找到更正確的方向。不能轉或不能及時而轉，一切都會窒礙難行。

生存在同一個地球之上，活動在同一片天地之間，有人樂觀積極笑口常開，有人愁眉苦臉悲觀消沈。基本因素是思想，也就是人生的觀念和態度。其次就是發生問題和困難時，能不能沈著面對以及能不能隨機轉化，一念之轉，往往決定了人生的悲苦喜樂。

六祖壇經：「心迷法華轉；心悟轉法華。」人的思想行爲，在迷迷糊糊的狀態之下，必然受到週遭環境的影響甚至約制，這就是迷時法華轉。如果轉識成智，洞察宇宙的眞理和人生問題的核心，人就能夠更加客觀冷靜、明智果斷。面對問題就能對症下藥，一切自然可以迎刃而解，這就是悟時轉法華。

轉彎

基隆港曾經，再有人駕駛汽車由港邊的馬路衝入海中。問題出在觀察不周判斷不當，其次是該轉彎沒有轉彎或是轉得太遲，於是釀成悲劇。懂得適時轉個彎，不但可以化險爲夷，化干戈爲玉帛；更可以化艱難險阻爲海闊天空。

開車碰到嚴重的障礙，如果你竟想找一部推土機把它推開，毫無疑問你是一頭笨牛。只要心平氣和，輕輕鬆鬆轉一轉方向盤，轉一個小彎或來一個迴轉，立刻就把障礙拋到身後。腦筋不會急速轉彎，行動不能靈活轉彎，是很多問題不能解決糾紛不能化解的重要原因。

懂得轉又轉得高明，對駕駛而言，就能由技術層次晉升爲藝術層次，甚至更上一層樓，成爲駕駛的哲學，乃至人生的哲理。對於做人處世解決難題，螺旋式的旋

轉就是上升，常識可以轉爲知識，知識可以轉爲智慧。處處得心應手，好比棋壇九段高手，人生也就無往不利。

太極拳以「心爲旌，腰爲纛，手爲旗」。身如車輪以腰爲軸，要求高度的輕靈圓轉，腰乃成爲攻防收放的承轉樞紐。只要轉化靈活，圓融無礙，就能肆應裕如，永遠立於不敗之地。

人生之路本來坎坷，不可能沒有危機和困難。面對迎面接踵而來的障礙與問題，既不會被阻擋也不會被難倒，正如駕駛汽車，就看你有沒有轉的智慧和及時一轉的能耐。

轉悲爲喜

站在陽光下面對黑影，只要一個轉身，眼前就是一片光明。思想上能夠把握正確的方向，行動上能夠適時隨機運轉，既是明智，也是果斷。很多人活得很不快樂，原因就是缺少轉的智慧。

有人老是悲悲切切愁眉苦臉，實際多半都是自己找的。有人抱怨上帝不夠睿智仁慈，因爲祂在美麗的玫瑰樹上同時創造了螫人肌膚的尖刺。另一個人則以讚美感謝代替抱怨，因爲上帝在刺人的枝幹上沒有忘記賜給人類美麗的花朵。

其實上帝也很難爲，晴天有人抱怨燥熱，陰天有人抱怨寒涼。如果轉換一種心態觀察，晴天陽光普照令人心胸開朗，陰天細雨霏霏展現詩情畫意。面對任何一種情境，總能往好處去想，往光明的一面去看，這就叫做樂觀，臉上會綻放微笑，心中會充滿喜樂。

無門慧開有一首禪詩：「春有百花秋有月，夏有涼風冬有雪；若無閑事掛心頭，便是人間好時節。」珍視你已經擁有的，接受你必須接受的，欣賞你能夠欣賞的。有了這份禪意，面對任何情境，都能踏踏實實歡歡喜喜，怡然自得逍遙自在。何悲之有？

轉苦爲樂

既然可以轉悲爲喜，當然也能轉苦爲樂。佛教認爲人生有八苦，就是：生、老、病、死；怨憎會、愛別離、求不得、五陰熾盛。這是宗教的信仰，也是現實的

寫照。歡樂只是曇花一現，悲苦卻是一輩子必須承受的磨難。任何一個人的一生，即使貴爲皇親國戚，也難以擺脫這八苦的終身折磨。

釋迦牟尼貴爲一國王子，所以毅然出家修行，爲的就是放棄短暫的榮華富貴，經由大覺大悟渡過生命的苦海，到達智慧的彼岸。以獲得終極的解脫超生。

經由佛法的修行固然可以去苦得樂。如果換一個角度省思，換一種態度面對，就在當下的現實生活之中，難以承受之苦同樣可以安之若素。

養育子女，有人認爲是爲兒女作馬牛，有人認爲是生命的承先啓後發揚光大。是苦是樂，存乎一心繫乎一念。八苦轉爲不苦，乃至轉爲甘之如飴之樂，同樣可以作如是觀。

生老病死是人生不可避免的一個過程，如花朵之含苞、綻放、盛開、凋零，草木之萌芽、成長、茁壯、枯萎。我們欣賞花木之美，要看到花朵的豔麗多采和草木的蒼翠青蔥，不要只想到枯萎和凋零。同樣的把生視爲偶然而又美好的存在，心中自然充滿喜悅。再把老看成身心的成長和智慧的成熟，病是磨練考驗，死是回歸自然。如此面對生老病死，也就不再那麼悲苦不堪了。

大家能在一個單位共事，夫婦能夠締結良緣同床共枕，都是非常難得的因緣，珍惜感謝惟恐不及，彼此怨憎，眞是愚不可及。只要互相尊重彼此包容，即能「相看倆不厭」，那裡還有怨憎會。

回憶是甜蜜的，想像是美好的，因爲別離，所以愛慕倍增。曾相愛復相失，思念更加令人魂牽夢縈。其實天各一方，天涯共此時，明月寄相思。相思更濃，愛慕更深，祝福更誠，別離的愛更美。

求不得苦，是很難擺脫又很容易擺脫的痛苦。很難擺脫，是因爲人心貪得無厭，想要的東西太多。容易擺脫，只要一念之轉，不要追求你並不眞正需要而且又不容易得到的東西。只要樸素一點，務實一點，不作非分妄想，知足常樂，求不得苦也就自然隨之消失。

五蘊熾盛，主要還是因爲好名貪利，以致疲於奔命心煩氣燥，身心難得片刻安寧。對治之道，佛門勤修戒、定、慧，道家主張簡緣、寡欲、靜心。簡緣自然清靜，寡欲自然恬淡，心靜自然清涼。能夠清靜、恬淡、清涼，自然落拓逍遙，那裡還有五蘊熾盛之苦。

化敵爲友

中華文化以仁爲中心，主張溫柔敦厚，嚴以律己寬以待人。但是看看每天的報紙和週遭的人，怵然而覺，人與人之間已經不再居心仁厚忠恕待人了！現在的人，尤其是道上兄弟和飆車青少年，多半心存敵意面帶殺氣，出語粗暴動作殘忍，一言不合馬上流血五步。

其實不能全怪他們。國會議員可以公然打架，他們爲甚麼不能動粗？現在全世界正流行一股樹敵歪風，以爲國家建立一個作戰目標。如果舊敵消失，就尋找或製造一個新的，然後名正言順，從戰略的觀點跟他鬥爭。這種外國的戰略西風東漸，既有政黨採爲策略，也有個人群起效尤。此一歪風如不及時扭轉，人際的猜忌緊張，社會的暴戾之氣，勢將繼續惡化而益發不可收拾。

如何扭轉？對症下藥，這就需要眞正的心靈改革了。有一首禪詩說：「山坡平頂上，盡是採樵翁，人人心懷刀斧意，不見山花映水紅。」心存殺機，自然到處杯弓蛇影草木皆兵。只有轉恨爲愛，轉敵意爲友誼，轉權謀爲誠信，才能化敵爲友，人間才有溫馨和睦，人際之間才能化陰霾密佈爲雲淡風清。彼此之間待人接物，才能開誠佈公化敵爲友，使天下充滿祥和太平。

轉即是路

現代人過著歷史上最進步，最富裕和最舒適的生活，最奇怪的是，在此現代化富足舒適的環境中，人們似乎並不快樂。相反的，心靈的孤寂苦悶，生活的困擾與壓力，尤其是人際關係的疏離與緊張，史無先例。原因之一，是大家忘記了祖先遺留的一些諺語和格言，如：「知足常樂；能忍自安；事緩則圓。」如果有人感嘆人生乏味，我有建議：轉即是路。

一次心定法師乘計程車，發現司機先生面露不豫之色。探問之下，原來他既嫌天氣太熱，又罵交通太亂，更抱怨工作太累。心定法師笑著對他說：

「天氣太熱，人人一樣。交通太亂，大家都有責任。開車是累一點，但是你的工作很有意義。」

「有意義？一天到晚累得要命，有甚麼意義？」

「你送客人趕飛機趕火車，這是濟人之急。你送傷者病人到醫院，是救人之危。若是及時送一個孕婦到醫院生產，這是救人之命。就算普通乘客，你把他送到他要去的地方，這也是爲人服務。在佛教說，這就是行菩薩道。」

司機先生藹然一笑，頻頻點頭，立刻化苦爲樂，賓主皆大歡喜。下車時，笑臉相向，既說謝謝，又道再見。

別人給我們半杯水，生性刻薄的人說「半空」，心地敦厚的人說「半滿」。其實半空半滿，容量可能完全一樣，只是性格不同想法有異。君子與小人，聖賢與凡夫，就在這些地方露出冰山一角。人生沒有不勞而獲的事物，工作而有勞累辛苦，也是必然現象。我們可以選擇有興趣的工作，肯定自己的工作，並爲平凡的工作賦予不平凡的意義。

現代人的無可奈何，多半都是自己造成的。能進不能退，能好不能壞，凡事只爲自己眼前的私利打算，不爲大眾長遠的公益考量，加上好逸惡勞，最後只有鑽進自己編織的煩惱網中怨天尤人。對自己無益，對公眾有害。

人生之路，處境有順有逆，行事有通有窮，乃在常理之中。俗語說天無絕人之路。遇到「山窮水盡疑無路，」只要峰迴路轉，必然「柳暗花明又一村。」面臨窮途末路，只要心念轉一轉，想法變一變，不僅有路，而且十分寬廣。

轉是一種修養功夫，一種哲學智慧。有一首禪詩說：「手把青秧插滿田，低頭便見水底天，六根清淨方爲道，原來後退即向前。」知退者能進，善爭者能讓。能轉者可以化窮爲通，化干戈爲玉帛。所以，轉即是路。

轉識成智

爲甚麼有那麼多人浮沈苦海，既不能轉苦爲樂轉悲爲喜，又不能轉恨爲愛化敵爲友？原因是愚昧的人固然不少，聰明或自以爲聰明的人很多，但眞正有智慧能夠洞察宇宙人生眞理的人並不太多。

大多數人的見地受到根機的限制，利害的誘引，世俗的污染，私心的牽扯和慾望的左右，對事理物象的觀察不是主觀的一廂情願，就是扭曲變形的凹凸鏡，最後的認知判斷自然與客觀眞理相去甚遠。如何把常識和知識轉變成爲觀察入微洞燭機先的智慧，乃是　個極爲重要的人生課題。佛教的轉依，正是解決這個課題的不二法門。

轉依，就是依智不依識，進而轉識成智。轉眼、耳、鼻、舌、身等前五識爲成所作智；轉第六意識爲妙觀察智；轉第七心識爲平等性智；轉第八阿賴耶識爲大圓鏡智。總稱轉八識成四智。這是唯識宗修行實踐的理想概念，也是佛教信徒去染存淨、超凡入聖、轉生死爲涅槃、轉煩惱爲菩提的必經過程。

成所作智，是成就世間事務的智慧；妙觀察智，是觀察世間事物的特殊性格；平等性智，是觀照事物的共同性格；大圓鏡智則是綜合事物的特殊性和普遍性，把握並運用這最高的圓滿智慧。有了這最高的圓滿智慧，即能超越所知和煩惱二障，打破我相我執我貪我痴，了脫生死，證見大徹大悟的眞如佛性。

無知，往往成爲貧窮、痛苦、災難的根源。智慧，則能使人見微知著，見微知禍，因而及早防患於未然，及時消弭禍亂於未起。所以說：菩薩畏因，眾生畏果。智者洞燭機先，乃能趨吉避凶大事化小。愚人常在事發之後才有悔恨之意。以駕駛爲例，車禍總是因爲魯莽急躁、粗心大意、酒後駕車、或逞一時之快，這些都是愚人的特徵。智者深沈穩健，從容不迫，小心謹愼，不僅掌握四週環境的動態，注意瞬息之間突然而來的變化，所以能將大禍化小，小禍化於無形。

宇宙眞理，人間萬象，深邃奧妙錯綜複雜，常識的心量固然難以體會，知識的研究亦難明其大體探其究竟。唯有大智大慧，可以細察幽微通權達變，洞明世事練達人情，才能逍遙無礙的安身立命，天馬行空的自由奔放。

人生必須力爭上游勇往直前，但也必須有勇有謀，行乎當行止乎當止；更要有急流勇退的涵養，隨機運轉的智慧。轉即是變化，即是出路，即是突破，即是超越。只要能轉，前面永遠都是康莊大道。

人生最重要的一個轉機，就是轉識成智。這根本的一轉能成功或相當成功，手中就有了一把智慧的鑰匙，等於勝券在握；人生任何疑難問題，任何艱難險阻，均可迎刃而解。

悟即是岸

楔子

去年四月，「行腳」馬來西亞，足痕遍及吉隆坡、怡保、太平、檳城和巴森五地，先後做了八次講演或座談，講題之一就是「悟即是岸」，聽眾是否有於言下悟道？不得而知，但我自己卻眞的頗有心得。學佛修道，或爲上弘下化利益人群，或爲脫胎換骨見性證道，若把廣大精奧的佛學義理從淺近平淡處落實現世人生，即可化爲看似平凡實則高明的生活智慧。「佛者覺也」，「尋常一樣窗前月，纔有梅花便不同」。悟者雖然一切依舊，但是淡茶粗飯皆有禪味，行住坐臥不離妙道。這不平常的平常，或說平常的不平常，即到彼岸之入道之門也。

空即是門

在中國，孫行者是一個家喻戶曉老少皆知的人物，西遊記雖然是一部神怪小說，卻有一個十分正確而又有力的主題，就是「悟空得智，行善成德。」那位齊天大聖眞正改邪歸正，並能歷經艱險不屈不撓，戰勝所有妖魔鬼怪，保護玄奘大師完成取經大業，乃在他皈依三寶，賜名「悟空」別號「行者」以後。悟空是佛門最高智慧，力行是儒家基本精神，儒佛合一智勇並用，乃使這位搗亂大王一轉而成爲追求眞理捍衛正法的戰鬥英雄，並成爲西遊記中最受注目的焦點人物。

從佛門空慧觀之，人之爲患、爲禍、爲惡，因爲人有妄想執著，尤其是自以爲是與凡事爲私的我執，因而產生貪嗔癡三毒，人間世的種種諍論、衝突、禍亂、慘劇，無不由此衍生惡化而起。老子亦說：「吾之大患，爲吾有身，若無吾身，吾何患焉？」消毒去病破迷入悟之最佳良藥，即爲佛陀在菩提樹下所證悟的緣起性空哲學，亦稱空觀、空義、空慧。爲佛教哲學思想的中心義諦。

一般人談空說有，不是從科學觀點立論，就是從常識層次發言，難免落於狹隘

膚淺。誤解空爲虛無，執著有爲實在，更有人認爲學佛爲消極遁世。此種見地，不是有意曲解，即是所知欠全。自從玻璃在建築工程中被廣爲應用以後，常常有人昂首闊步，在眾目睽睽之下一頭撞上玻璃大門，結果往往頭破血流。其情雖可憫，其事實可鑑。空有不分，眞假不辨，進出大門固將造成傷害，在整個人生旅程中所可能形成的悲劇，其後果就格外嚴重了。

景德傳證錄載，古靈神贊禪師，在福州大中寺受業後，外出行腳參訪，於江西百丈懷海大師門下悟道。歸來後仍任侍者，爲報師恩，多次藉機反哺點化，未竟其功。一日師在窗前讀經，適有蜂子投窗求出，一再衝撞而徒勞無功。古靈心生悲憫之情，一箭雙鵰，乃放聲嘆曰：「空門不肯出，投窗也太癡，百年鑽故紙，何日出頭時。」

師父覺其話中有話，乃置經問道：

「汝歸來後，發言大異往常。行腳途中，到底曾遇何人？」

「弟子到江西，蒙百丈和尚指個歇處。此番歸來，欲上報慈德耳。」

師父立刻請其上堂說法，古靈旋即登座，舉唱百丈門風曰：「靈光獨耀，迥脫根塵，體露眞常，不拘文字；心性無染，本自圓成，但離妄緣，即如如佛。」

師父於其言下大悟。並曰：「何期垂老，得聞極則事。」

宇宙萬象，沒有獨立、固定、恆久之自性，故爲「眞空」；但是世間事物緣起緣滅，當其短暫存在時，固爲相對之眞實，是爲「妙有」。空爲理體，有爲事象。事物之生成變化，決定於因緣之聚散有無。實則空即是色，色即是空；空有不二，理事爲一。若能了然此理，即可離妄緣，得根本智，證實相般若。既能空中觀有，把握現實，莊嚴生命；亦能有中觀空，超越得失，任運逍遙。愚痴的執著，貪嗔悲苦，一切化爲烏有。

古德說：「耳不空不聰，鐘不空不鳴。」即在世俗生活之中，室空才能居住，路空才能通行。家中器物太多，令人有立足無地之感；街上車輛擁塞，叫人興走頭無路之嘆。過多的有不僅是一種障礙，也是一種令人塞息的負擔。如能不執不捨，不即不離，安住眞空妙有之中，並以空慧觀照諸法實相，不僅生命更爲豐富落實，生活也更爲幸福自在。

白雲守端禪師有一首禪詩：「蠅愛尋光紙上鑽，不能透處幾多年，忽然撞著來時路，始知平生被眼瞞。」空即不空，它是一道寬敞的大門，也是人生更自在更喜樂的光明大道。

智即是道

時至今日，非洲曠野或原始叢林中的猿猴，雖然早就可以站立且能以後足行走，但是牠們依然不知以石塊或樹幹作爲工具，藉以自衛或改善生活條件。至於把樹枝裝入有孔的石頭以產生更大的力學作用，看來似乎永無可能。以現代的眼光來看，人類石器時代的文明進展實在太慢。然而慢中畢竟有所進展，因爲人能思想，所以人有智慧。人之異於並且勝過其他禽獸，智慧是條件之一。人之所以被稱爲理性的或哲學的動物，也是以思想與智慧爲基礎。參學修道，應該依智不依識；轉識成智，乃爲悟道必經之階。修道得智，因慧見道。智以慧爲體，慧以智爲用，互爲體用，相輔相成。在慧光照射之下，人類乃能見遠、識大、入微、知著，成爲具有群體意識，前瞻眼光，且能明道、行義的偉大動物。

綜觀古今，歷史舞台上確曾出現過許多偉大的智者，他們的慧光恩澤，至今猶光耀史冊遺愛人間。反過來看，當前世局的劍拔弓張，極權政治的倒行逆施，宗教信仰之走火入魔，世風人心之江河日下，也都是人之所爲。若論作繭自縛與引火自焚，人類的成就亦遠勝其他動物多多矣！說人類是最有智慧的動物，有時似乎又未必盡然。正因爲心有正邪善惡，人有聖凡智愚，悟有頓漸深淺眞假；智慧才成爲超凡入聖降魔除惡的聖劍，信仰才成爲渡愚入智破迷入悟的寶筏。知識使人知理守禮，知識就是道德。智慧助人明道證道，智即是道，慧即是聖。詩人泰戈爾說過一個故事：一個沙彌來到恆河岸邊，向一個靜坐的比丘頂禮。

「師父啊！我很窮，請您給我一點布施。」

「出家時我已捨棄一切，現在只剩一衣一缽，此外一無所有。」

「但是佛陀昨夜託夢，要我前來請求您的布施。」

「對了！」那比丘說，同時用手在身旁的砂土中探尋，終於找到一顆光采耀目的鑽石。「拿去吧，這是我最後的一點財富。」

那沙彌接過鑽石，沉思良久，說道：「師父啊！我希望您給我的，是可以輕視財富的財富。」然後把鑽石毅然投入恆河的水中。

如實而論，智慧不但勝過財富，而且比財富更爲有用，更爲高貴永恆。金剛經說：「一切聖賢，皆以無爲法而有差別。」又說：「欲入無爲海，須乘般若船。」能覺爲智，證空得慧。智慧使人覺悟，超昇、證道，而財富不能。財富如果得之不

義，用之不當，正好是道德的腐蝕劑與見道的障礙物。

世人著有，佛法說空，以破我執謬見而證我空般若。二乘著法，佛來說空，掃法執謬見證無爲眞理。了然緣起性空眞諦，即可乘二空般若方舟，渡茫茫大海，登幸福彼岸。

在世間法中，孫臏賽馬，以下駟對上駟，中駟對下駟，上駟對中駟，三戰二勝而勝。不以力拚，不以技爭，以智爲用，策必勝之謀。政府之國防外交，商場之事業經營，乃至打球下棋，鬥志不鬥氣，鬥智不鬥力，永遠是上上之道。

智識可以化爲力量，凝聚知識提煉昇華成爲智慧。而智慧是幸福之門，是光明之燈，也是成功的鎖鑰。

心即是佛

故事說：有一個商人之子，信佛至爲虔誠，但是事母極爲不孝，動輒大發雷霆，咆哮叱責，其母聞聲受驚，往往手足無措。某晚，子至廟中燒香禮佛，住持和尚見之，乃問曰：

「天色不早，來廟燒香爲何？」

「爲拜觀音菩薩。」

「觀音菩薩就在家中，不知禮敬供養，竟然捨近求遠，誠愚不可及也！」

「我在家中從未見過觀音菩薩現身。」

「汝心不誠，所以未現。此番歸去，當可見之也。」

「當眞？」

「當眞。反穿衣倒搭鞋者即是。願汝奉之以禮，敬之以誠。持之必恆，人佛俱成，福慧雙至。」

子乘夜急歸。初冬天寒，母已先寢，聞子高聲呼喊大力敲門，倉惶駭悚，一躍而起。匆忙間，反穿棉衣倒搭雙鞋，急急開門迎子。其子正欲發怒責其怠慢，忽見其母衣反鞋倒，雞皮鶴髮，狀至狼狽蒼老，然而愛子之心溢於眉宇之間，慈祥而又莊嚴。重溫僧之開示，當下恍然大悟。立即長跪不起，痛悔前非。自此而後，母慈子孝，共享天倫之樂。

有一首禪詩說：「竟日尋春不見春，芒鞋踏破嶺頭雲，歸來手把梅花嗅，春在枝頭已十分。」春在自己家中，佛在自家心頭，向外求，他處覓，不僅捨近求遠，

更是捨本逐末。禪宗參學修道，旨在明心見性，直探本源，視自心爲覺悟之本體，佛性之根源。四祖道信說：「百千法門，不離方寸；河沙妙德，總歸心源。」六祖也說：「菩提自性，本來清淨；但用此心，直了成佛。」馬祖道一更爲直截了當，他說：「即心即佛。」

人之爲禍爲惡，病源在心。怒從心上起，惡向膽邊生，二字皆屬心部。恨字也從心，心墮爲獸則狠，心淪爲奴則怒。既怒且狠，必成大惡，必闖大禍。然而爲善積德，希望仍舊存乎此心。慈與慧皆從心生，將己心比人心爲恕。由心興起由心受之者爲愛。如實明了自心，爲悟。所以哲人說，天堂地獄並非特定空間，而是一種精神狀況心靈境界。正是「迷悟在人，損益由己。」天堂地獄，吉凶禍福，莫不繫於一念，存乎一心。所以經云：「萬法唯識，三界唯心。」

此心本來純眞無垢，無善無惡。由於私心之生，欲望之熾，心乃有妄有邪。儒家的有所爲有所不爲，佛門五戒八正十善，乃至道家之逍遙無爲返璞歸眞，目的皆在降伏心中魔障，以恢復人心之本眞與人性之本善，使之成德、成仙、成佛。是以修身求學、悟道成佛之歷程，悉皆由心出發，過三關，修六度，守八戒，踐履十善萬行，歷經豎窮三際，橫遍十方之旅，最後還是回歸自家此心。郁山主有偈云：

「我有明珠一顆，久被塵勞封鎖，一旦塵盡光生，照破山河萬朵。」

心爲眾妙之門，做人之中心，成佛之根本。只要掃盡塵勞，還我本來面目，即能別來無恙，此心依舊光采耀目。此本眞之心，即佛也。

悟即是岸

禪門參學修道，有時歷經千山萬水，依然前途茫茫，既無村莊又無客舍。有時突然瓜熟蒂落，靈光一閃自我見性。有時師徒對話，契理契機，以心印心，乃於言下大悟。可是個中消息，「說似一物即不中」，不足爲外人道。孔子曰：「朝聞道，夕死可矣。」足證悟道之樂超乎生死之上。

悟雖非商品，然而卻有贗品。有人自以爲見道矣，實則所見者似是而非，並非妙諦，此「誤」也。有人自以爲超凡入聖矣，實則恍恍惚惚，雙腳仍在原地踏步，此「霧」也。誤與霧和悟，既有實質分別，更有遙遠距離；看似即可捨舟登岸，實則彼岸仍在萬里外。悟是一種直覺，無法言說，說即不是。形相的直覺產生美感，般若的直覺就是開悟。

悟字從心，悟就是反觀自心，反求諸己，認識眞正的自我。悟的歷程雖有曲直頓慚，但總是先從有我之境到無我之境，破除無明，消滅煩惱，出離生死；這是從肯定到否定，欲立必須先破。然後再從空無一物回到有我之境，由我法兩空到我法不二，由物我雙忘到天人合一；這是由否定回歸肯定，大開而後大闔。由心出發，歷經萬水千山，最後依然回歸自家本心。

六祖惠能大師說：「何期自性，本自清淨；何期自性，本自具足。」蘇東坡的悟道詩說：「盧山煙雨浙江潮，未至千般恨未消，及至歸來無一物，盧山煙雨浙江潮。」悟道後所得實相般若，對內如實認知無染自心與本來自我，對外如實認知客觀宇宙與永恆眞理。悟者，如此而已。說難，難如登天；說易，易如反掌。

佛門弟子皈依三寶，或則參加法會，必須誦唱四弘誓願。弘是廣大，誓是決心，願是理想。文曰：「煩惱無盡誓願斷，眾生無邊誓願渡，法門無量誓願學，佛道無上誓願成。」既是無盡、無邊、無量、無上，有人不免要問：斷得了嗎？渡得盡嗎？學得成嗎？這茫茫的苦海有一個彼岸嗎？

知識就是學問，如何求知也是一門學問。知識一如財富，必須取之有道，用之有方。道是原則理念，也是方法；方是分寸意義，也是境界。背離了道與方，財富可能變爲毒藥，成爲罪惡。同理，知識也會成一種負累或障礙，甚至成爲作奸犯科的工具。善取善得知識復能善用知識，才是眞正的智者。

詩人布萊克有一首詩：「窺細砂見世界，窺野花見天國，握無窮於手掌，駐永恆於片刻。」縱貫古今，橫遍十方，道，無所不在。所以佛門亦有偈云：「一花一世界，一葉一菩提。」以實相般若觀照，剎那即永恆，滴水即海洋。五湖三江四海，煙波浩渺，澎湃浩蕩，善飲者得一杓，即可知味解渴。三藏經典，卷帙浩繁，博大精深，令人望經興嘆，甚至知難而退。但上根利智者，或讀一經證道，或誦一詩一偈開悟。求知要廣博，研究要專精；學問求通達，修道求開悟。四者各有境地，不必也不應混爲一談。對修道者而言，悟是第一等大事。不能開悟，就算能夠背誦三藏全典，又有何用。

華嚴四分，「信」是起步，「解」是深入，「行」是體驗，「證」是大覺。能自覺爲智慧，能覺他爲慈悲。自證爲悟道，他證爲印可，印可而後可免自霧誤人。鈴木大拙以爲：「悟的直覺與變的某點瞬間交會產生悟的經驗；以直觀方式體會實相……變即實相，實相即變。」在開悟的一剎那間，「靈光獨耀，迥脫根塵」。「萬古長空，一朝風月」。變即不變，無常即常，生死爲一。

悟境神妙，難以描繪；如風如影，不易捕捉。有心求悟，如人追影，愈求愈遠。只要專注用功，一心向道，「爲伊銷得人憔悴，衣帶漸寬終不悔」，或偶然或突然，「驀然回首，那人卻在燈火闌珊處」。悟卻自動出現了！

「渡河必用筏，到岸不須船。」儘管學海無涯，苦海無邊，但是對於一個悟者，既無風雨，也無浪濤。岸處處皆是，岸就在腳下。

乾坤大覺

一、生與死——夢

自從中學時代讀過羅逖所著的「冰島漁夫」以後，心田深處就一直癡癡的嚮往著那遙遠的、壯闊的、神秘的海洋。海洋，成爲我夢中的情人；海員，成爲我人生的目標。一心希望將來能做一名漂洋過海的水手。帶著我的吉他、日記，和我的夢想，航行於兩洋、四海、五州之間。以海爲題，我寫過情詩，也寫過小說。雖然不是智者樂水，但是對海我可眞的是一往情深。

一個人如果眞能一往直前，並作持續不懈的努力，很多遠大理想都有實現的可能。天從人願，若干年之後，我終於當了豪華郵船鐵托蘭尼號的大副，載著一船的富商、巨賈、企業家、金融巨子、外交官員、軍事將校、情報人員、芝加哥與西西里等地的江湖人物，以及他們的眷屬、秘書、同僚、親友、情夫或情婦。由美國紐約直航法國馬賽。酒吧、餐廳、舞池、電影院、游泳池，人類物質科技文明的高度成就，在在作了最具體的呈現。工商社會上層階級的豪華奢侈、繁文縟節、驕矜虛僞、浪漫風騷，全部盡收眼底，讓你一覽無遺。

對人這個動物的看法，究竟是簡單還是複雜？純潔還是齷齪？可愛還是討厭？高尚還是卑鄙？一時竟然掉入左右兩難的矛盾之中。但是現在（什麼是現在？）我不應該再有任何抱怨。我是世界上最新、最大、最豪華郵船的大副，正航行在紐約與馬賽之間的大西洋上，碧海青天、波瀾壯闊，鐵托蘭尼乘風破浪，平穩快速如履平地。船公司老闆的外甥——那位既胖又懶的船長正在艙內睡覺，實際上我就是這艘郵船的指揮官。在我的船上，有世界上最聰明又陰謀險惡的男人，最美麗又風騷迷人的女人，最華貴的衣著珠寶，最上等的名酒佳餚，而這一切，現在（什麼是現在？）都在我的統率之下向前推進。

我實在無法不躊躇滿志顧盼自雄，想當年曹孟德統率大軍渡江南下，橫槊賦詩、對酒當歌，其豪情想來亦不過如此而已。腳下，就是豪華堅固的船體；窗外，就是美麗壯闊的海洋。我蓄意回味著少年時代的夢想和希望，但是說也奇怪，我竟然沒有一點點的創作衝動與一絲絲的藝術想像。現在（什麼是現在？）就當前的經濟尺度而論，我所擁有的實在已經太多太多，但是沒有浪漫，沒有吉他，沒有小說，更沒有詩。難道……

「看！冰山！」一個驚駭的聲音說。

「啊！眞的是冰山！我的天啊！」另一個聲音說。

我立刻拿起望遠鏡，啊！不用望遠鏡，冰山已在眼前，一百公尺、八十、六十、五十，……來得眞的太突然也太快了。

「全速倒車！」我的命令尚未下完，船底已經與冰山底層碰上了。轟轟隆隆，一連數聲巨響，繼之地裂天崩、海嘯人號，接著傾斜、混亂、驚叫、呼天搶地，以及斷斷續續的斷裂聲和爆炸聲。文明與高級、紳士與淑女，剎那間變成水火地獄中的熱鍋螞蟻、驚怖絕望，爭先恐後，一片混亂擁向甲板。

「我是大副。」我用麥克風廣播說。

「你是船長。」船長站在我的身後，表情木然，一臉無奈，他把船長的帽子戴在我的頭上，他說：「兄弟，我把船交給你了。」

「我是船長，」我繼續廣播：「請大家保持冷靜，只有冷靜才能幫助我們逃生。婦孺兒童優先上救生艇，請男仕們表現紳士風度與英雄本色，儘量幫助婦女兒

童登艇逃生。本船船員注意，你們必須最後離船。」

但是我見到的，仍然是擁擠的人群，喊叫的嘴巴，哭泣的眼睛和爭奪的手臂，更有毆打甚至拔槍威脅別人。昨天的華麗、高貴、禮儀、風度、溫柔、大方，全部煙消雲散，人人陷身驚惶、恐懼、絕望、瘋狂之中，現代化的人生舞台轉瞬之間變成最原始的洪荒世界與最可怖的人間地獄，只因爲大家都面對死亡，人人掙扎於生與死的一線之間。

最後，每一艘救生艇總算坐滿了人，其餘的人最少也都分到一個救生圈、一壺淡水和一包乾糧。船長（現在他不是了）坐在最後放下的一艘小艇上向我揮手，一頭亂髮隨風飄飛，顯然毫無歉疚之意，而且面露死裡逃生的喜悅，並對我投下憐憫的最後一瞥。

船身不斷地下沉，但總算寧靜下來，我又聽到海上的風聲和濤聲。收音機中，某個電台正播放著貝多芬的命運交響曲。這使我突然想起：

「勇者何以不死？因爲勇者面對命運挑戰乃至面對死亡，絕不表現怯懦的醜態和自私的卑劣，他的精神已經超越死亡甚至征服死亡。或者說，死亡的是他的肉體，不朽的是他的靈魂。」

船繼續下沉，海水已經淹到我患有風濕痛的膝蓋。但我毫無畏懼之情，亦無孤單寂寞之感，一切似乎本來如此理當如此。只是覺得十分寒冷淒涼，情不自禁，仰天長嘯！

「好冷啊！這個世界。」

「不要叫嘛！你把棉被蓋好不就得了！」

這就是臨難不懼、見危授命的好處，否則，現在我還在大海上掙扎於生死邊緣受著浮沉漂泊的痛苦煎熬呢！

而我，現在已經脫離苦海，醒過來了。

二、斷琴恨——幻

這是當代超水準的音樂廳之一，也是當年加強文化建設提昇生活素質的一個具體成果，不僅座位舒適容量特大，更擁有最新和最好的電子音效和燈光設備，而且由電腦作最精準而又靈敏的自動控制一。能夠在這兒登台演奏，毫無疑問，是許多音樂家與藝術工作者的夢想之一。

今晚的演奏分成兩個部分。前半部由市立交響樂團演出約翰史特勞斯的春之聲以及德佛亞克的新世界交響曲。然後作爲伴奏，分別演出鋼琴與橫笛，還有女高音獨唱茶花女中的飲酒歌和蝴蝶夫人中的詠嘆調。演出主體是後半部的四支鋼琴三重奏，但所選的曲子卻都是以小提琴當家爲主。明白的說吧，我是這場演奏會主體部分的焦點人物，以我小提琴演奏聖手的盛名，帶領兩位剛剛學成歸來的青年新銳進入國內樂壇。

現在中場休息時間即將完了，我穿著質地高貴做工上等的深色燕尾禮服，口袋裡放一條白色手帕，手帕尖端繡一片紅色樹葉，那是我的特殊商標。手上提的，是已有一百二十年歷史的奧地利小提琴，系出名門名匠之手，價值連城。我以輕鬆而優雅的姿勢，站在舞台背景簾幕的出口處，等待出場表演。

站在我旁邊的，是本市知名企業家的掌上明珠，畢業於巴黎音樂學院，專攻鋼琴，擅長蕭邦，既有大家閨秀的雍容華美，又有藝術家的超凡氣質，眞正是儀態萬千，任何人見了都會怦然心動而生愛慕之情。在她身後，是她胖嘟嘟的表哥，一位金融鉅子的獨生子，剛從維也納學成回國，專攻大提琴，曾經遠走西班牙，接受當代大提琴泰斗卡薩爾斯的親自教授，來頭不小，身分自是不凡。

大廳燈光突然全熄，全場觀眾鴉雀無聲，屏息以待，他們期待著四支鋼琴名曲三重奏的一一登場。在黑暗中，在柔弱的光影裡，前幕冉冉地升起，捲曲的幕布好似一道浪花，拍向虛無縹緲的沙岸。

腳燈漸漸明亮起來，前端兩旁的聚光燈彷彿穿過森林的黎明曙光，以無限的柔和、朦朧與燦爛灑向舞台。在晨曦籠罩之下觀眾注目之中，我們以穩健而優雅的步履聯袂走向舞台前端，一如旭日初升，霞光萬道，亮麗耀眼。

觀眾席突然爆出如雷掌聲，我們並肩而立，鞠躬致謝，一而再、再而三。在另一柱移動的燈光籠罩之下，三位天使一般的小女孩，穿著純白的芭蕾舞裝，走上台來向我們獻花。我們親吻女孩，然後再度行禮致謝，觀眾又是一陣熱烈掌聲。

現在各就各位，演奏即將開始。

第一曲：愛情幻想曲。小提琴獨奏前面八個小節，由緩而疾，由抑而揚，然後宏大沈雄的大提琴加入，成爲和諧豐沛的絃樂兩重協奏。又是八個小節，鋼琴開始奏鳴，樂音與旋律，都更爲華麗、充盈而有活力，以絃索的顫動與琴鍵的跳躍傾瀉出生命的激情與青春的律動，訴說人類內心對愛情的無限夢想與強烈渴求，這是第一樂章，也是此一組曲的序曲。

然後在高低快慢輕重疾徐的千變萬化中，依照作曲者的刻意安排，呈現生命旋律的起承、升降、收放、轉合，如歌、如舞、如泣、如訴，歷經以心應心的和風細雨，以情動情的狂風暴雷，千迴萬轉，委婉曲折，但是依然不知情是何物？愛有何價？人生的終點，只見落日餘暉，萬般無奈，一片蒼茫。

令人吃驚的是，我高高興興拉完第一個八節，大提琴居然毫無動靜。驚愕之中，我沈住氣鎮定的重拉一次，此時台下已起騷動，但是那個胖寶寶依然僵在那裡一動也不動。萬般無奈，我只有試著再拉下邊的八個小節，希望鋼琴的高音能把昏沈的大提琴喚醒過來。然而美麗的鋼琴手同樣僵在那裡搓著雙手，面色蒼白楚楚可憐，以無知又無奈的眼光凝視著我。

台下開始鼓噪起來，有了噓聲、叫聲、吼聲、罵聲，簡直是一場惡夢。對於一個把全部生命投注於演奏事業的小提琴家而言，再沒有任何意外比今晚所發生的事更可怕了。一生的血汗盡付東流，在一個勢利而又現實的社會中，東山再起，是太不容易了。於是我聲色俱厲，責問他們：

「你們怎麼啦？難道你們不會演奏！」

「我是眞的不會拉。」那花花公子說。

「我也眞的不會彈。」那千金小姐說。

「你們有權愚蠢自私，有權虛榮浮誇，有權莫名其妙僞裝一切，但是你們無權用這樣的玩笑來謀殺我的藝術生命！」

我終於失去定力和對自己的控制，我把提琴高高舉起在空中劃一個半圓，然後對準她的鋼琴重重的一擊。崩的一聲巨響，地動山搖、琴毀絃斷！剎那間，所有琴絃化作肚腸，從我裂開的腹腔流瀉出來。站在一片斷垣殘壁荒煙蔓草之中，只見滿地是血！噢！不，原來滿床是汗。

古人早就說過，「自古多情空餘恨」。夢中兩琴齊毀，是大覺大勇。而今琴斷夢醒，是返樸歸眞。正如一個農夫經過一番眼花撩亂以後，又從城市中的花花世界回到他樸實寧靜的故鄉。也許他此行所費不貲實際卻一無所獲，但是既能回歸田園，他沒有失去的就必然比失去的更多。

三、中獎記——泡

談到金錢，許多人趨之若鶩，不計後果，奮不顧身，如飛蛾撲火。也有人把它

視爲有毒之酒，避之唯恐不及，或淺嚐即止，以免中毒過深。其實金錢只是一種支付工具，並無價值取向，其本身也就沒有實質的善惡與好壞之別。君子持之以爲善，小人持之以爲惡。有正有邪，是賺錢的手段。有潔有污，是用錢的方式。談錢色變，把它視爲腐蝕靈魂破壞法紀之首惡者，實在是連串經濟犯的後遺症之一。說金錢爲一切罪惡之根源，就算是事實，也是道德判斷上的移花接木。

真正爲了防止精神污染而把金錢視爲阿堵物者，就算是最標準的讀書人，現在也很少能有幾個。至於很會化錢而又不會多賺，這種人時下就太多了。個人的收入有限，社會的誘惑無窮，如果不能清心寡欲在享受方面作嚴格的自我節制，唯一的必然結果，只有在貪污與破產之間選擇其一。青少年所以容易誤入犯罪歧途，這也是主要的原因之一。

本人相信「君子固窮」與「賢者固陋」之說，從不與人較量財富與地位，雖窮而不苦，雖陋而不卑，這就叫做安貧樂道。這種人多半慵懶成性，或則抱樸守拙，對社會的繁華進步貢獻不會太多。好處是有爲有守，絕不會超越道德界限貪圖非分之財，更不會以身試法，自行或掩護他人作經濟上的無恥掠奪。這一類人實在是國家安定之磐石，也是社會清明之主流。只是一旦有所急需，如遇意外或有急病，非花一筆巨款才能脫困消災，這時的處境就十分堪憐而又不甚瀟灑了。

莎士比亞早就告誡世人：「不要向人借錢，也別借錢給人。因爲借錢給人常常失掉錢又失掉朋友，而向人借錢適足挫鈍儉德的鋒芒。」我的經驗是：空手伸出去很容易，縮回來就難矣哉！金錢可能一無所獲，自尊心卻受到嚴重的傷害。更有甚者，有人對金錢與感情都十分吝嗇，但奉送說教的高調卻非常大方。

朋友說：「親愛的兄弟，因爲我是你眞正的朋友，所以我不能把錢借給你。對我來說，這是很痛苦的決定。但是只有這樣，才能勞其筋骨，苦其心志，然後天降大任於你。如果我把錢借給你，我就摧毀了你自力更生的意志與發憤圖強的精神，等於毀了你的將來。」

親戚說：「哎！也眞可憐見。我們應該扶你一把，在你眞正需要我們扶你一把的時候。但是，今年的氣候不好收成欠佳，傷腦筋的是親戚那麼多，麻煩的是人人都要借錢。這麼一來，哎！做人就難了。所以……」

沒有關係，騎驢看唱本，咱們走著瞧吧！古人有詩爲證：「山窮水盡疑無路，柳暗花明又一村。」有朝一日，眞的是運氣來了擋也擋不住。那財神爺可能戴了太陽眼鏡，突然一腳闖進我家門來。

事情是這樣的，平生只有這麼一次，背著太太一口氣買了一張五聯的愛國獎券。誰知意外的意外，居然中了第一特獎。可喜可賀嗎？不一定。中獎所帶來的煩惱，實際比領得的獎金更多。第一，在我的經驗中從來沒有見過這麼多錢，根本沒有保管與運用的能力。爲此，我們閨房失歡，夜夜失眠。更煩人的，既有銀行派員登門爭取存款，又有企業透過關係拉攏投資，更有眾多親友相繼設宴慶賀。自此而後，門前車水馬龍絡繹不絕，電話與門鈴，有時此起彼落，有時交響共鳴。我們一個本來十分寧靜可愛的家，現在弄得雞犬不寧天下大亂。

太太本來尚稱賢良，但是「男人不能有錢」的閒話聽多了，現在竟也乘人之危落井下石，每天總有三番五次，不是爭論就是訓話，說來說去就是那麼幾句。

「獎券是你買的，錢當然也是你的，怎麼處理，我可沒有意見。但是我提醒你也警告你，你要膽敢金屋藏嬌，我就和你離婚，這些獎金就全是我的。」

她說沒有意見，其實她的意見最多。投資國泰塑膠股票是她的主意，參加國泰人壽保險也是她的主意，把其餘現金全部存入第十信用合作社成爲特種榮譽社員，還是她的主意。

「錢是你的，我何必操心。但我做過市場調查研究，作過利潤計算比較，只要如此大膽投資運用，到公元二〇〇〇年就能在我們的財產後邊加一個零。這個零不是沒有，而是十倍。老頭，不，親愛的，你懂嗎？不動歪腦筋怎能發大財，人家既固又泰的集團還不就是這麼起來的。」

太太跟你「商議」有時議到凌晨兩點，除了舉手表示完全贊成以外，實在別無求生之途。內憂方殷如此，外患同時接踵而至。朋友來訪，總是高舉「朋友有通財之義」的大纛，義正辭嚴，友情洋溢，不能不借。親戚登門，提出二段論法：第一，「你是我們親戚當中最古道熱腸的好人，」第二，「你不伸出援手，我們只有死路一條。」結論實在可怕，不得不借。

古人說得好，「慈不將兵，義不聚財。」像我這種柔軟心腸，是不應該也不可能發財的。加上三溫暖漣漪造成「十信」風暴，接著產生連鎖影響，我們所有的存款、投資、股票、保險完全泡湯大吉以外，還欠下被他們暗渡陳倉的六百萬元「人頭」貸款。我也算了一下（比太太算得更準），如果我們省吃儉用每月償付一萬元，需到西元二〇三五年才能無債一身輕。就算我每天以人參、燕窩與維他命當飯吃，我也很難活到那個時候。

除了債務、麻煩與官司以外，現在是乾乾淨淨什麼也沒有了，僅僅剩下一輛賓

士轎車和一張貴賓卡。我把卡片帶在懷裡，擺上達官貴人的派頭架勢，先去泡了一個三溫暖，然後駕著賓士到濱海公路去散心解愁。車子過了水湳洞，心想：「這算什麼骯髒世界，投海算了！」方向盤猛的用力一轉，說時遲那時快，四個輪子立刻騰空而起。但是繼之一想：「我本來一無所有，現在還是一無所有，實際是一無所得一無所失，依然可以安貧樂道如故，我沒有理由要投海自盡。」於是我使勁猛踩剎車，希望回頭是岸。但是悔之遲矣！輪子離地以後，剎車已經毫無作用。我覺得如此犧牲太不值得，所以大聲吶喊。

「不要投海！我不要投海！」

「幹嘛你要投海？說，」太太把我搖醒以後立刻追問：「該不是與別人一起跳海殉情吧？」

「沒有的事，只是做了一個惡夢而已。」

四、昇官圖——影

平生憾事之一，就是沒有做過正式的官，想做官，又一直是我內心潛在的慾望之一。但升官發財之事，第一靠天，第二靠命，第三靠機關——機會與關係。有無幾把刷子，並非決定性的基本因素，既不是必需條件，更不是充分條件。像劉禪與尼羅能當黃帝，花生農夫能當總統，除了天命時運他們還有什麼？至於史書所記，報紙所登，嘴臉爲豬八戒者，才智似武大郎者，有人權傾一時，有人富甲一方，你又能怎麼說呢！功名富貴。即使不是完全命中注定，最少也是天時、地利、人和，可遇而不可求也。

但是易經說：剝極而復，否極泰來。你只要少說話多做事，力爭上游加上耐心等待，一旦時來運轉，忽然官運亨通，你是躲之不及，不想做也不行。一旦下海，福至心靈，才華自然洋溢起來。本人的遭遇，就是一個例子。某日清晨，天剛破曉，雲淡風清，空氣格外清新。本人全副運動裝備，正要出門早安晨跑，聞雞起舞一番。突然聽到一陣隆隆的引擎吼聲，接著狗吠雞飛，塵土飛揚，一架巨型直升機從天而降，停在我家門前的草坪上。機上走下一位紳士，禮服、禮帽，還有手杖。後邊跟著四位侍從，身穿白金漢宮的衛隊制服。

「請問，這兒是約翰．張斯基先生的官邸嗎？」

「不敢當，本人就是，此處正是寒舍。」

他立刻脫下禮帽，必恭必敬，對我深深一個鞠躬。

「恭喜大人，也歡迎大人。」

「喜從何來？可否請道其詳。」

「首相柴契爾夫人，奉女王陛下的聖諭，正式任命閣下爲南太平洋英屬安妮比基亞島的總督大人，代表女王陛下統治那裡的土地和人民。我是喬治・鮑爾溫，你的機要秘書。」

「鮑爾溫先生，我可以考慮一下嗎？」

「印度獨立以後，安島是我國海外最大的殖民地，比香港大二百五十倍。你要考慮？你眞的要考慮？」

「既然如此，我總該換一套衣服，整理一下儀容。」

「不必，也沒有時間。明晨九時就要宣誓就職，你所需要的一切，專艦皆有準備。大人，我們走吧！」

四位侍從一擁而上，半拉半架，本人也半推半就，登機騰空而起，直飛專艦。然後在護航艦隊保衛之下，以最快高速，航向安妮比基亞島。

翌晨黎明，航速漸慢，陸地在望。遠處山巒起伏，平原一望無垠。近處沙灘迤邐、椰林、田疇、市鎮，羅列有致，景色怡人。碼頭上更是萬頭鑽動、人群如潮，歡迎場面極其盛大。大教堂冠蓋雲集，鐘聲悠揚。還有駐軍部隊的蘇格蘭鼓笛隊，公立中學的銅管樂隊。更有鋼琴與風琴伴奏的唱詩班，氣氛莊嚴肅穆，就職典禮非常隆重。

典禮結束，賓客散去。我下達第一道命令：

「給我備車，我要出去巡視一番。」

「啓稟大人，恐怕不行。」鮑爾溫說，看似一臉恭敬，實際滿腹狡詐，見之令人生氣。

「爲什麼？難道我不是這裡的總督嗎？」

他畢恭畢敬的向我行禮，但是沒有回答我的問題。

「啓稟大人，福克蘭方面軍情緊急，遠征艦隊預定今夜抵此加油。據稱王子也在船上，您是本島總督，登艦歡迎致敬，設宴款待，都是應有的禮儀。在此之前，今天仍有許多要務必須馬上處理。」

說著，他以一種暗示的目光看著我的辦公桌，那裡堆著高高的一堆公文。說來令人洩氣，我竟然身不由己的坐上總督寶座。隨手打開第一個卷宗，那是中午到午

夜的活動程序表，其中包括就職午宴，主持會議，接見賓客與使節團，主持答謝晚宴，參加慶祝舞會，最後是登艦致敬。仔細算一算，恐怕連上廁所小便的時間也很困難。

第二個卷宗是人事單位簽請要我代表政府頒授獎章給某一單位主管，據我所知，此人無才無德，仗勢弄權，該單位有一半以上的人無所事，早該裁撤。獎懲之道爲國家名器，必須公平合理，絕對不能任意妄爲。我瞪他一眼。

「此人來頭不小，背景複雜，心胸狹仄陰險。說得詳細一些，改天我向大人做個簡報。總之，爲了您我的前途，必須容忍他。」

第三個卷宗，是一件重大工程合約，等我批准，然後簽約動工。國人爲官之道，首重清廉，次爲公正，再次便是幹練。一目了然，本案在法令規定與辦理程序上，在在都有欠妥與可議之處。我又瞪他一眼。

「啓稟大人，烏星工程公司董事長烏星先生，此人長袖善舞交遊廣闊，從倫敦到香港都有事業，從白金漢宮到唐寧街都有後台。他的姨丈是相府樞機大臣，妹妹嫁給下院保守黨議員荷頓，此人爲財政小組召集人，對於我們的年度預算他有刪減之權。大人，我把話說清楚了，你衡量著辦吧！」

眞是做夢也想不到，理想與現實之間，法律與政治之間，竟是這般複雜而又如此遙遠。施展抱負服務人群竟會如此困難，眞是出乎意料之外。即連求個公正廉明俯仰無愧，居然同樣困難重重，實在令人感慨萬端！看起來，浮沉宦海，縱橫政壇，絕對不是我的專長。胃口一倒，心情立刻惡劣起來。

「既然事事不能作主，我這個總督不幹總可以吧！」

「相當困難，」鮑爾溫把臉一沉，「你是方面大員，必須正式上書請辭，先經下院通過，再經上院同意，最後由首相呈請皇上御批。」

「這麼麻煩啊！不然呢？」

「總督兼爲本島行政及司法警察首長，又兼皇家防衛隊指揮官，擅離職守要處長期監禁，如果南美之戰不幸失利，更可能因支援作戰不力而以叛國之罪受審。」

「荒唐！」我憤怒地大吼。

「大人，你我人在江湖，身不由己。做官，就是這個調調。」

「荒謬！」我更大聲的吼著。

太太用力拉我一把。

「什麼荒唐、荒謬，那麼大聲，你在夢裡到底搞些什麼糗事嗎？」

「沒什麼啦，現在不是醒過來了嗎？」

五、跋

有人說，人生如夢。有人說，夢如人生。莊子就曾說過：「方其夢也，不知其夢也，夢之中又占其夢焉，覺而後知其夢也。且有大覺，而後知此其大夢也。」四個奇夢覺而歸來，常常深夜倚枕沉思，回味夢中所見聞者，人物栩栩如生，事件歷歷如繪，情緒上所引起之反應，也是有喜有怨，如實如有。天亮後與現實人事相較，則又顯然爲虛爲幻，所以副其子題曰：「夢幻泡影」。繼之一想，如果眞有大覺，眼前一切所謂眞所謂實者，又是另一層次的「夢幻泡影」而已。

然而滄海一粟也罷，白駒過隙也好，不論大小久暫，在眼前時空交會的這一點上，我們活著畢竟是一事實。人生如旅，亦當不虛此行。人生如戲，也要盡力演好這個角色。可是除了千古不易之理，宇宙一切恆在變通不居之中。執我執有，貪求名利，固然是自尋煩惱無藥可救。沉空滯寂，遊手好閒，也辜負了上天生我，父母養育的一番德意。

現實與夢境間多次往返以後，胸中陰霾漸漸消散，風靜幡止，一片恬淡清涼。做人有所爲有所不爲，修道有所破又有所立，這就是眞空妙有的中道。

禪門常說：「大死一番，再活現成。」又說：「萬古長空，一朝風月。」事實上，只有枯木逢春，人生才能開出眞正燦爛的花朵。

附錄

張培耕◎著

作者小傳

祖先祖籍

我的原籍是江蘇如皋。但是從小曾聽父親多次說起，我們的祖籍是鎮江丹徒，祖祠在姚家橋。父親說他去祭拜過，由於兵荒馬亂，我們兄弟則未能前往尋根溯源，引爲一生憾事。

幼年時代看過宗譜，卻未曾細讀，只記得比較知名的遠祖有一位是唐代的張九成。明確知道的祖宗是：

先曾祖考張公朝燦府君。

親眼見過共同生活過的祖宗是：

先祖考張公錦章府君。

先祖妣張門中氏孺人。

直接生養培育我們恩重如山情深似海的是我們的雙親：

先考張公發祥府君，一八九九年七月二十五日誕生，一九七四年九月十九日逝世。

先妣張蔣遠宜孺人，一九零三年三月二十六日誕生，一九六七年六月十九日逝世。

印象深刻關係密切，爲人十分忠誠勤勞節儉的是：

先義伯張公業齋，一八九二年一月十二日誕生，一九七五年八月八日逝世。他一生未婚，晚年與父母住在一起，相互扶持。

最近的家族是父親唯一的弟弟：

先叔父張公發明，他育有二子友耕和同耕，一女德耕。

承先啓後　繼往開來

父母膝下只有我們兄弟兩人：

哥哥張力耕，嫂嫂郝劍華。有子二人：張伯齡；張健齡。有女二人：張愛齡；

張美齡。有孫二人，長媳韋秀萍所生：張鈞凱；張鈞策。

我們兄弟年齡相差四歲，性格和興趣頗有差異；但是手足情深，我很尊敬他，他也很關懷照顧我。我能夠適時入學就讀，能夠離開家鄉走向海闊天空的大世界，哥哥的影響很大提攜很多。

人生的基本使命，就是繼承生命，延續生命，發揚生命。也就是高舉生命的聖火接力賽跑，上爲祖先，下爲子孫，繼往開來，勇往直前。

一九二六年，民國十五年，歲次丙寅，農曆九月二十二日，日出卯時，東方曙光初透，我出生於如皋西門城外的北蘇家橋之北。當時國民革命軍正揮師北伐，我於烽火戰亂之中，來到人間。

父親念過私塾讀過四書，能讀會寫，半工半農半商，家境清寒。前村後莊左鄰右舍，子女多半只念私塾，有的不唸書。父母對我兄弟最大的恩德，時局動蕩不安，生活艱難困苦，他們排除萬難讓我們到城裡進了學堂。這對我們兄弟的命運和前途，發生了巨大而決定性的影響。

教育讓我們吸收了更多的知識，接觸了新的思潮，對大時代大環境有了更多的了解，使我們嚮往著縣城以外的大世界，也讓我們有能力奔向更廣闊的天地。卻也

因此造成永遠的遺憾遺恨，這麼有遠見有愛心平凡而又偉大的二位老人家，當他們與世長辭之時，兩個兒子竟然沒有一個隨侍在側盡人子之孝。每思及此，內心總是悲慟不已！

一九五八年十月六日，我在台中縣東勢鎮與詹靜江小姐結婚。相繼生子三人：老大張幼祥，妻陳惠珍；長子張庭維，次子張爲臣。老二張宇極，妻張姍達；女張筱妤。老三張樂禮，妻鄭慧華；子張偉立，女張偉琳。

春風化雨

上天給人生命，父母給我們身體，教育的春風化雨，使人擁有更豐富的知識，更深刻的思想，更優美的情操。

我出生於北伐，成長於抗戰，在火熱漫天之中掙扎求生，所能受到的教育斷斷續續零零碎碎。沒能在安定的環境中循序漸進接受完整的教育，實爲我一生中另一個最大的遺憾。但是顛沛流離的流浪生活，磨鍊了我的肉體，豐富了我的靈魂。從我們那個時代走過來的人，大半並不埋怨所經歷過的艱難困苦，卻十分滿意自己擁有的精神內涵。

那個時候新的學校教育取代私塾爲時不遠，雖然設備因陋就簡，但教職人員都是一時之選，他們繼承儒家的教育精神，非常敬業認眞，受五四思潮的影響，又力求創新求變。從小學到專科，尤其是中學時代，很多令人敬佩的典型良師，六十年之後，他們的形象在我的記憶中依然具體生動。我所受的教育雖不完整，感覺卻是《春風化雨》。

我的啓蒙教育受於私塾，爲時不久就進了城內的興仁小學。民國二十七年的二月十八日，日軍攻陷縣城。我隨叔叔逃到西鄉古溪，先後讀過古溪小學和黃橋鎮的黃鐘小學。後來回到淪陷後的縣城，相繼讀過如臯縣中，南淮中學和江蘇省立如臯師範。

十七歲，師範讀了一年就棄學從軍，跟隨地下部隊渡江南下，準備經安徽屯溪轉往大後方。部隊駐紮浙江桐鄉烏鎮一帶，不久日本宣布無條件投降，抗戰獲得最後勝利。上級把我派到上海，白天工作，晚間就讀中國新聞專科學校本科夜間部，於三十七年夏季畢業。

杏壇歲月

中原大戰即將展開，京滬形勢日益告急。各單位紛紛作撤離安排，有的去大西南，有的去閩粵，有的去台灣。多少帶著一點浪漫的情懷，我選擇了蕉風椰雨的寶島台灣。最初沒有想到的，一去竟然就是五十多年，從此異鄉作客，浪跡天涯，台灣也就成了第二故鄉。

除了哥哥嫂嫂，在這美麗的寶島上可謂舉目無親。首要任務，就是找一個可以維持生活的工作。因爲曾在「教育部上海師資訓練所」和「上海市童子軍教練員訓練班」先後受訓結業，很快找到一份教學工作。教育的理論實務學問很大，傳道授業解惑的使命崇高神聖，兩次訓練當然有所不足。但是我肯用心學習用心體會，加上認眞負責，竟然十分稱職。過去我從老師接受春風化雨，而今我把化雨春風付給學生。

從三十八年八月一日起，至五十年七月三十日止，先後在台中縣立東勢初中，苗栗縣立卓蘭中學，台灣省立台中高工，台中縣立東勢工職以及台中縣立沙鹿工職等校任教，或兼導師，或兼組長，大部分時間兼任訓導主任。十二年杏壇歲月，我教育了學生，也教育了我自己。我看著學生們一天天成長茁壯，也感覺到自己的心智日趨成熟。

教育工作不僅傳授知識，也培養學生的健全身心和完整人格，更是歷史文化的承先啓後。十二年的工作經驗，我深刻的體認到：作爲經師必須眞懂，作爲人師必須能行。易言之，博學、敦品、勵行，立身行事，以身作則既是最有效的方法，也是最重要的方法。

回顧我的教育生涯，我確認教育不是一份職業，而是一份事業。固然應該因材施教，教不倦誨不倦。教育工作的最高境界，就是能把別人的子女當作自己的孩子，這就近乎夫子所說的：有教無類。

校園之內，無論是施教者或受教者，乃至一般行政人員，只要這個學校是一個眞正的學校，他們的身心和他們的靈魂，永遠都會沐浴在令人滋潤淨化、令人健康成長、和不斷向上提升的春風化雨之中。

與青年爲友

「時代考驗青年，青年創造時代」；「我們爲青年服務，青年爲國家服務」。青年救國團這二句口號十分響亮有力，加上蔣經國先生的直接領導，要求團的工作幹部，對待青年要「親切，實在，自然。」乃使救國團成爲近幾十年以來，最受社會肯定青年喜愛的一個團體。

因爲我擔任訓導工作，經常參加救國團的會議和活動，彼此都有相當了解。民國五十年七月，毅然離開教育崗位，投身服務青年的工作行列。首先在台中縣團務指導委員會擔任一組組長，爲期僅有三個月，即奉調總團部青年活動組擔任編審，在組長姚舜先生的指導之下，承辦第一屆全國青年代表會議的綜合業務。

此後十年，相繼調任宜蘭縣團委會秘書，高雄市團委會秘書兼高雄學苑總幹事，總團部專門委員。在總團部服務期間，經常可以聆聽主任經國先生的講話，充分體認救國團的理想、觀念和作風。也進一步學會了如何更精確更有效的擬定工作計劃，掌握工作進度，召開會議協調連繫，以及如何帶領隊伍主持活動。救國團對我的熏陶鍛鍊，收益良多。對我以後的工作和生活影響也很深遠。

爲了家在高雄，六十二年一月至六十五年八月，轉任南區知識青年黨部一組總幹事，工作地點在台南市。後來到佛光山擔任主任秘書並兼任普門中學副校長。六十九年七月，終於回到高雄，擔任國立中山大學訓導處秘書，至七十五年二月，申請提前退休。再度上山參與文教工作，接任普門雜誌社長兼總編輯。不久被大師派往台北，擔任漢藏文化協會秘書長，同時協助籌組中華佛光協會，成立後並擔任副秘書長。

這一階段接觸的以青年爲主，服務青年教育青年，青年也深深影響了自己的精神和人格。我以青年爲友，也自認是青年的朋友。

以疾病爲敵

一個在硝煙烽火中長大的人，命運注定他要和艱難困苦作戰，我則多了一個敵人，就是疾病。一生與重大疾病纏鬥不休，竟然活到七十多歲而且始終活躍硬朗，除了醫藥，愛好運動應該是一個重要原因。

第一場大病在七八歲左右，先出痲疹，繼而轉成嚴重痧斑；救活我的力量有二，一是中醫，一是母愛。第二次是在上海，患的是傷寒，這兩次都與死神擦身而過。第一次開刀在台中，因爲鼻中隔歪曲造成鼻塞。第二次手術因爲胃部穿孔，發病時人在三千公尺的達芬尖山，那年四十九歲。一生困擾我最大的是三叉神經痛，爲時長達四十年之久，嚴重時痛不欲生，經過多次手術依然無法根治。最後我堅持：「疼痛的程度有限，忍耐的力量無窮。」這樣的哲學支持我「忍痛致遠」，竟然活得相當堅強。

一九九五年六十九歲，定期體檢發現肝臟有一個四公分的腫瘤，隨即住進台北榮總，於三月三十日以外科手術予以切除。以後在高雄榮總又做了二次切除和二次血管栓塞。二零零零年，已經高齡七十四歲，晨間打太極拳，傍晚練習氣功，手腳靈活行動矯健。生老病死爲人生八苦之四，也是人力絕對不能改變的自然法則。人與疾病的戰爭，只有局部的勝利，沒有最後的勝利。但是每一次的勝利，都是意志精神的勝利，即使最後的一戰終將舉手投降，戰勝過的人畢竟還是一個勇者。

以水爲鑑

不管我在甚麼崗位上從事甚麼工作，寫作始終是我最大的興趣。小時候跟著母親去上海，母親雇用五六輛手推獨輪車裝載數十桶豬油去天生港，渡江運往上海。途經一個小村，突然走出來幾個收稅的，母親出示在縣城已經繳稅的稅單，那收稅的不經意看了一眼，然後說道：

「你那裡是淪陷區，這裡是游擊區，河水不犯井水。再說，靠山吃山靠水吃水，靠閻羅王吃小鬼；經過這裡不繳稅，你叫我們吃甚麼？」母親沒有他們那麼會說話，何況他們腰間插著手槍，最後只有按照他們的江湖規矩又繳了一次稅。那時的蘇北，日本人與僞軍佔領城市，游擊隊活躍鄉村，各有勢力範圍。軍紀有的很好，大部分與土匪無異。抗戰勝利，城市歸於中央，鄉村屬於中共。勤勞樸實的蘇北人民始終苦不堪言。當時我只是一個中學生，目睹現狀思潮起伏，寫了《靠山稅》和《掙扎在夾縫中的蘇北人民》一篇短文一篇報導，那是我寫作生涯的開始。

來台以後，第一篇短篇小說《海葬》，四十年四月刊出於中副，同年十月又刊

出《南奔》。繼之，有《平岩山之戀》刊登於學生雜誌，《悲劇的悲劇》原名（約翰菲力浦）刊登於皇冠雜誌，《滬濱回憶》刊登於重流雜誌。這一時期的作品富於浪漫的想像，寄託了自己內心青春的熱情。能在這些知名報刊刊登，強化了我寫作的興趣和信心。

我逐漸認識到，文學是藝術，也是啓發人性的教育媒體。作品固然應該重視藝術技巧以引起讀者的美感，更要以心感心以情動情，讓讀者得到思想的啓迪與情感的共鳴，進而建立正確優雅的人生觀。我的寫作方向逐步傾向文以載道，希望義理辭章相輔相成，文學哲學合而爲一。

此後因爲行政工作耗費太多時間精力，作品不多，但是重視主題成爲我一以貫之的理念和目標。六十八年六月，在中央日報發表了長達十八小節總數約二萬字的《駕駛座上》，十二月有《父子對話錄》，繼之有《以山爲師》和《以水爲鑑》等多篇。以後又有《似非而是》和《談禪》先後發表於藝文誌月刊和中央月刊。我的散文創作實際是以文藝的外衣包裹著哲理的心靈。寫作對我，有著崇高的使命感。

上古時期，河水是人類照見自己的第一面鏡子。當我彙整這些哲理散文出版成書時，書名就是《以水爲鑑》。

以山爲師

寫作以外，我最大的興趣就是爬山。

五十八年十一月，第一次登山爬的就是台灣第一高峰玉山，從此與高山結下不解之緣。「我看青山多嫵媚，料青山看我亦如是。」人在雲上山在腳下，「仰視紅日近，俯瞰白雲低。」對人生世事的體認，突然之間迴然異於往常。這樣的感受，身處平地城市絕對不會產生。人在高山林野，似乎離塵囂世俗更遠，靠天靠道更近。

繼之我攀登了秀姑巒山，雪山，南湖大山；大霸尖山，中央尖山和達芬尖山；以及有黑色山脈之稱的奇萊山。然後去大陸，先後攀登了泰山，嵩山，華山，恆山和衡山五嶽。另外也爬了有名的廬山和黃山，到過最高的地方是唐古拉山口，那裡海拔五千二百三十一公尺。

一九九一年十二月，最後一次攀登大山，是與內子一起爬北大武山。此山海拔只有三千零九十一公尺，是台灣五嶽中的老么，由於行程安排太緊，所以爬得相當

辛苦。但是總算爬完了大陸的五嶽和台灣的八大名山五嶽三尖，完成「兩岸十嶽之旅」。雖然沒有甚麼了不起，但是爬山費時、費力、費錢，而且必須冒險犯難。六十五年秋季的八通關古道越嶺，半途突然胃部穿孔，差一點葬身達芬尖山。說簡單也並不盡然。

高山鍛鍊我們的體能，考驗我們的毅力，使我們更爲堅忍堅強。登高望遠，開闊心胸。遠觀山色近聽水聲，怡情養性。山給予我們很多的啓示和教訓。他是一位良師。

爲了登峰造極，爬山時必須克苦耐勞百折不回，必須冒險犯難一往直前，尤其必須知道把握方向，選擇正確的路徑，以免誤入歧途。因此，高山又是一位偉大的導師。

「溪聲盡是廣長舌，山色無非清淨身。」大自然的一草一木，以及白雲飛越極峰，流水穿過密林，如果用心體察，天道人道，盡在其中矣。高山豈不又是一位大法師。

自不量力，竟然試圖把登山旅遊文學哲學熔於一爐。當中華十嶽紀行和西藏高原、蒙古草原之旅結集出版時，書名《以山爲師》。

最後的夢

人生如夢。夢中有夢，可以說是荒唐，也可以說是美好。我的最後一個夢想，就是創辦一份少年雜誌，《華夏少年》。

少年是國家未來的主人，也是國家最寶貴的資產。而今舉世各國都有少年問題，我國亦不例外。能把迷途的羔羊找回來，固然很好令人敬佩。如果未雨綢繆，及早多給他們一點陽光雨露和風，使他們擁有一顆清明的心靈以及健全的身心和人格，能夠明辨是非知所堅持，以免誤入歧途，豈不更好。

一九八七年夏天，我以普門雜誌社長身份訪問馬來西亞，那裡的朋友告訴我，他們十分欣賞普門，只是他們的孩子不喜歡，原因是沒有他們可以看和喜歡看的東西。三個月後，普門多了一個副刊《少年園地》，竟然大受小朋友歡迎。一年後舊地重遊，他們告訴我，不少華僑少年聚會場所，雜誌過期他們把副刊拆下來另行裝訂，以供少年兒童繼續閱讀。

大約十年以前，我就積極籌備創立《中華少年文教基金會》，希望在他們可塑

性最大的發育時期，幫助他們的心智和人格健康成長。我以一介文人的浪漫和熱情，赤手空拳，到處宣傳我的理念，合十打躬作揖，懇請支持。有人鼓勵，有人冷漠，有人支持，有人拒絕。但我毫不氣餒，這是值得全力以赴的理想事業，而且不是爲我自己。

歷經二三年的努力，有的給我支票，有的給我承諾，也有人給我現金，距離目標不遠，令人鼓舞。忽然之間，有人取回支票，有人取消諾言，眞是當頭一盆冷水，使我嚐盡人情的冷暖和創業的艱辛。原來有人不願看到我的成功，辛酸苦澀五味雜陳，一言難盡。

一位學術界的好友向我建議，爲了先有一個宣揚理念和與外界溝通的園地，應該先辦雜誌。

我從開始籌創基金會，就心存四海放眼天下，希望能把陽光雨露普及全球每一個炎黃子孫的天眞心靈，辦雜誌不改初衷，希望兩岸同步發行。台灣辦雜誌不難，但發行範圍太小。大陸發展潛力很大，可是限制很多很嚴；多次前往一再努力，終未如願。後來中國科協的朋友熱心介紹，與江西科協的聰明泉雜誌合作。那是一本相當好的少年讀物，只是限於經費，編排、美工、印刷都有待加強。

雙方很有誠意，在南昌簽訂了一份合作協議，我補助他們新台幣一百萬元，他們聘請我爲督印人。華夏少年在台創刊後，酌付作者稿酬有權使用聰明泉的文稿。返台不久，並曾接待科協五位同仁來台作爲期一週的文化交流訪問。可是華夏少年的籌備工作並不順利。第一，經費所餘不多，不敢貿然出刊以免難以爲繼。第二，對於這樣遠大宏觀的文化事業，有辦法的人多半沒有興趣，有興趣的人又多半沒有力量。士各有志，不能勉強。

對我，人生已經進入倒數計時。但是一息尚存，絕不放棄。能成，心滿意足，含笑回歸自然。不成，緊要時刻我會把剩餘的款項奉還原主，以求無愧無悔。謀事在人，成事在天，一切順其自然。

立足千禧龍年，晨起打太極拳，傍晚練習氣功，精神抖擻，一步一步邁向新的世紀。人生計劃十分精簡，創辦雜誌以外，還要寫幾本書，有《智慧的鑰匙》，《太極人生》，以及《道及求道之歷程》。

究竟能做多少？不敢斷言。一切還是順其自然。

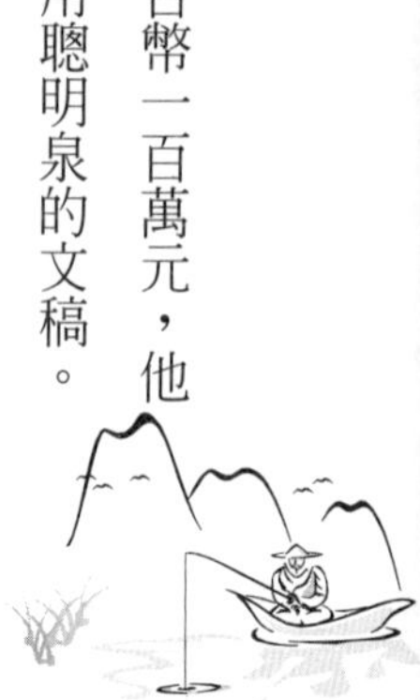

寫作年表

民國	西元	年歲	寫作紀事
四十年	1951	二十五歲	短篇小說「海葬」及「南奔」，分別於四月及十月，刊登於中央日報副刊。
四十一年	1952	二十六歲	中篇小說「平岩山之戀」，發表於遷台發行的「學生」雜誌。
四十二年	1953	二十七歲	中篇小說「悲劇的悲劇」發表於皇冠雜誌；「滬濱回憶」發表於重流雜誌。
四十四年	1955	二十九歲	第一本書「海葬集」於台中出版，收錄四五年來的中短篇小說創作十餘篇。
五十五年	1966	四十歲	青年勵志文集「新時代序曲」，於宜蘭由青年雜誌社出版。

六十年	1971	四十五歲	愛國長詩「多難興邦進行曲」，在台北由幼獅書店出版。並獲中山文藝基金會獎助。
六十一年	1972	四十六歲	登山手冊「高山之路」，在台北由幼獅書店出版。
七十四年	1985	五十九歲	散文集「以水爲鑑」，在高雄由佛光出版社出版。（已再版一次。）
七十五年	1982	六十歲	「以水爲鑑」，獲得財團法人高雄市文化基金會散文創作特別獎。
八十一年	1992	六十六歲	報導文學「佛蹤萬里紀遊」，評論集「回歸佛陀的時代」，在高雄由佛光出版社出版。
八十三年	1994	六十八歲	「以水爲鑑」略加精選，重新編排，在台北由幼獅書店出版。
八十七年	1998	七十二歲	登山哲理散文「以山爲師」，（中華十嶽草原高原之旅），在台北由幼獅書店出版。
八十九年	2000	七十四歲	哲理散文「駕駛與人生」，內容分駕駛篇與人生篇，在台北由文史哲出版社出版。

國家圖書館出版品預行編目資料

駕駛與人生 / 張培耕著.-- 初版. -- 臺北市：文史哲, 民89
面　；　公分. --（文學叢刊；107）
ISBN 957-549-290-0（平裝）
855　　　　　　　　89006954

文學叢刊 ⑩⑦

駕駛與人生

著者：張培耕
出版者：文史哲出版社
登記證字號：行政院新聞局版臺業字五三三七號
發行人：彭正雄
發行所：文史哲出版社
臺北市羅斯福路一段七十二巷四號
郵政劃撥帳號：一六一八〇一七五
電話886-2-23511028・傳眞886-2-23965656
印刷者：日盛印製廠股份有限公司
台北市内湖路一段91巷23弄8號一樓
電話（02）27995667・傳眞（02）27996460

實價新臺幣二八〇元

中華民國八十九年五月初版

ISBN 957-549-290-0